バリューアップ
内部監査
Q&A
INTERNAL AUDIT

一般社団法人日本内部監査協会 編

同文舘出版

発刊にあたって

　日本内部監査協会が1957（昭和32）年10月に創立されてから60年が経ちます。これまでの間に，任意団体から社団法人（2007（平成19）年）に，さらに新公益法人制度に対応して2013（平成25）年に「一般社団法人日本内部監査協会」となり今日に至っております。このような経過をたどれましたのは，協会会員はじめ関係各位からの継続的なご支援ご協力があったからにほかなりませず，ここに謝意を表する次第であります。

　協会の設立目的は，「内部監査及び関連する諸分野についての理論及び実務の研究，並びに内部監査の品質及び内部監査人の専門的能力の向上を推進するとともに，内部監査に関する知識を広く一般に普及することにより，わが国産業，経済の健全な発展に資すること」であります。創立60周年を迎えるにあたり，記念事業の一環として本書の発刊が計画されたのは，この設立目的に照らしまして，これまでの協会における内部監査に関わる調査研究活動の成果の一つとして，皆様の業務のお役に立ちたいという意図がありました。

　本書は，内部監査人の皆様が日々の業務の中で疑問に思われたこと（設問）に，監査の研究者ならびに実務家の方を主とする執筆者の皆様に解説（回答）していただくQ&Aの形式をとっております。内部監査人の皆様にとって監査実施のための実務的な手引書となり，また監査関係者の皆様にもご活用いただければ幸いであります。

　本書発刊にあたりまして，業務ご多用にもかかわらず編集委員の労をお取りいただいた松井隆幸氏ならびに武田和夫氏はじめご執筆者各位に対して，深甚なる謝意を表します。

　また，発行に際し，格別のご配慮を賜りました同文舘出版株式会社に心より感謝いたします。

　　平成30年3月

　　　　　　　　　　　　　　　　　　　　一般社団法人日本内部監査協会
　　　　　　　　　　　　　　　　　　　　　　　会長　　伏屋　和彦

目次

第 1 章
内部監査の本質

Q1	内部監査の定義にある①リスク・マネジメント，②コントロール，③ガバナンスと COSO の内部統制フレームワークにおける5つの構成要素との関係をどのように整理すればよいでしょうか。	004
Q2	IIA から「有効なリスク・マネジメントとコントロールにおける3つのディフェンス・ライン（防衛線）」と題したポジションペーパーが公表されています。内部監査の立場から，3つのディフェンス・ラインの考え方をどのように活用すべきかについて教えてください。	008
Q3	当社の内部監査部門は，社長直属の組織として設置されています。ある部署の内部監査の際に，社長の肝いりで進めていた新たなサービスビジネスの進捗が思わしくなく，頓挫しつつある状況を確認いたしました。とはいえ，依然として社長はそのサービスビジネスにこだわり続けております。内部監査人として，そのサービスの廃止または撤退などを検討するように指摘する場合，どのような行動をとるべきでしょうか。	012
Q4	内部監査では，事後データの検証を中心に監査が行われ，限られた一定の時間の中で意見をまとめるという手法が中心かと思いますが，現場における業務の実態監査も重要ではないでしょうか。例えば，一定期間，現場に入りこみ，現場で業務詳細を把握し，検証するような内部監査が必要と思います。もちろん，これを実行するとなると，人と時間が必要となり，現場への支障あるいはコスト増という経営上の問題も出てくるでしょう。しかし，不祥事を「水際で止める」ことができ，従業員への有効な指導や教育にもつながると思います。経営者の協力のもと，現場において，いわばジャストインタイムでチェックする内部監査はできないかと考えているのですが，こうした考えに対するご意見をください。	014

第2章 内部監査の独立性と組織上の位置づけ

Q5	当社の内部監査室は，内部統制部門に所属しています。組織変更に伴って内部統制部門に従来は企画部門で行っていた「法務関連業務」が編入されました。今年度，我々，内部監査室ではこの「法務関連業務」に対する内部監査を計画しておりますが，上長が同一なので「監査する側」と「受ける側」の承認が同じ人（個人）になってしまいます。「独立した内部監査」の観点からすると気になります。特に気にする必要はないのか，それとも，違った対応方法があるのか等について教えてください。	018
Q6	当社の内部監査部門は，CSR本部内にあります。CSR本部は内部監査部門以外に，業務執行に関係する部門が存在しているため内部監査部門の予算や人事評価・人員について必ずしも独立しておらず，経営状況により予算・人員面で影響を受けています。内部監査部門長の上に，本部長が存在し，内部監査部門長と社長が直接対話する機会が取りにくく，監査報告の上程までに時間がかかるという問題もあります。これらの問題を解決する手段を教えてください。	022
Q7	内部監査部門は，組織上，社長直轄ですが，内部監査部門員の日常業務（各種精算や有休申請等）は管理担当役員（常務取締役）が管理しています。ところが，当該常務取締役の担当である管理部門の監査を行うと，常務取締役から監査報告書に不都合なことを書くななどとパワハラまがいの圧力があり，手心を加えた報告書になってしまっています。現在のところ，常務取締役からの報復人事を恐れ，社長には直接，この件は報告していません。どのように対処すればよいでしょうか。	026
Q8	当社では，グループ経営の一環として子会社の内部統制に対し，親会社の立場として指導・支援（提言・コンサルティング等）を実施する担当部署を設置しています。その担当部署の者が，当該子会社の内部監査人となることは適切でしょうか。	030

第3章
内部監査人の能力および正当な注意

Q9	中途採用で入社し，3年目で内部監査室に配属されました。配属以前に内部監査の経験はありません。内部監査士認定講習会で，「内部監査人に必要なのは，専門分野の知識および経験よりも，注意力，感性，一般常識……である」と教わり，自分でもできるはずと思いました。とはいえ，内部監査人には，その分野の専門家が気づいていない組織および業務上の問題点，未対処の重大なリスクを発見して指摘することが求められます。これに応えるには，監査と業務に関する専門知識・経験がないと厳しいと思います。取組みの心構えなどを教えてください。	034
Q10	当社内部監査部門の導入教育は限定的で，月次の教育とOJTでスキルアップするスタイルを採っていますが，実務中心になりがちです。私は内部監査経験1年強で内部監査士認定講習会を受講し，基礎知識不足を実感するとともに実務経験があることで理解が進んだと思える部分もありました。内部監査部門の教育のあり方および内部監査士認定講習受講のベストタイミングについて教えてください。	038
Q11	海外子会社の内部監査を今年から始めることになりました。内部監査人の外国語教育はどのように行えばよいでしょうか。また，国によりマニュアルや監査証跡など解読できない書類があると思いますが，どのように対応すればよいでしょうか。	042
Q12	IT系の部署の内部監査にあたり，その部門の担当者と同等の知識をもつことはできないと思います。とはいえ，表面的な監査にならないようにすることも重要だと考えます。そこで，このような前提のもとで，情報システムの監査はどのように進めればよいでしょうか。また，情報システム監査を行う場合の知識を効率的に習得する方法があれば，教えてください。	044
Q13	内部監査部門の人数が極めて少数（例えば3人以下）である場合に，内部監査人（特に部門長）のCDP（Career Development Program）をどういう視点で作成し，社内で承認を得ればよいでしょうか。また，それを実際の人材育成に繋げるにはどうすればよいでしょうか。実際例を交えて紹介してください。	048

Q14	内部監査部門が3人以下といった少人数である場合，内部監査業務実施上どのような点に注意しなければならないでしょうか。また，人数不足を補うため，他部門から一時的に適任者を推薦してもらい，内部監査業務を担当してもらっています。こうした場合に，特に注意しておくべき点があれば，教えてください。	050

第4章 内部監査部門の運営

Q15	当社の内部監査部門は全6名の構成ですが，各人はそれぞれ，営業経験が長かったり，また財務経理部門が長かったりと，内部監査に際しても得意分野が異なります。この状況の下で，部門全体のレベルや個々のスキルアップを目指して内部監査の担当分野についてのローテーションを行うべきでしょうか，それとも監査品質の低下と監査リスクの回避を目的として個々の得意分野を固定すべきでしょうか。	056
Q16	適切に内部監査部門を運営するには，経営者が内部監査部門に望んでいることや期待していること，すなわち経営者の本当のニーズを把握し，内部監査計画にもその意向を反映させることが必要だと思います。どのようにして把握し，監査計画に組み込めばよいのでしょうか。	060
Q17	内部監査の意義や役割について，社長から理解されていない状況にあります。社長の理解を得，内部監査部門の地位向上にもつながるようなよい方策はありますか。	064
Q18	内部監査は，「対応に時間をかけた上で，結果として不備を指摘される」ものなので，被監査部署からは敬遠されがちです。 　そのため，内部監査では，アシュアランス業務だけでなく，コンサルティング業務の提供も重要だと考えています。問題の発生を未然に防ぎ，被監査部署をよりよくしてゆくためのコンサルティングであるというスタンスで臨むべきか，あるいは被監査部署から敬遠されようともアシュアランス業務に徹底すべきか迷っています。 　そこで，内部監査の進め方として，アシュアランス業務を提供する場合と，コンサルティング業務を提供する場合の留意事項について教えてください。また，両者を同時に提供することは可能でしょうか。	068

Q19	当社は小規模な会社で被監査部署数も少ないため，監査対象はそれほど広くありません。そのため，毎年度，同様な監査項目への監査が繰り返され，マンネリに陥りがちです。何かよい対策はあるでしょうか。	072
Q20	現在，毎年1回，全店を対象に店舗業務監査を実施しています。店舗数は増加してきていますが，それにあわせて内部監査人を増員することは困難です。 したがって，数年以内に店舗業務監査の頻度を変更せざるを得ないと考えています。その場合，①頻度を下げる（2～3年に1回にする），②1店舗当りの監査日程を短縮する（監査項目を削減して，毎年の全店監査は維持する）のどちらが望ましいでしょうか。	074
Q21	当社の内部監査部門は，部門長以下，部門員5名で構成されています。この人員構成で，当社だけでなく，国内外のグループ会社19社も監査対象にしています。近いうちに，グループ会社は，さらに増加する見込みです。結果として，内部監査人員の不足を感じています。このような状況下で，限られた監査時間やリソースを前提として，最優先されるべき監査対象やテーマとは何でしょうか。また，効率的な監査を行うための手順や方法等に関して留意すべきことは何でしょうか。	076
Q22	当社は従来「部門別監査」（事業リスクやオペレーションリスクにより優先順位付け）を実施してきましたが，今年度より全社のリスクをテーマごとに分類して評価し，重要性の高いテーマを取り上げて部門横断的に監査を行う「テーマ別監査」を導入することになりました。部門別監査をやめてしまうわけではありませんが，従来の2～3年に1度から4～6年に1度と頻度は落とす予定です。テーマ別監査を行う上で，気をつけなくてはいけない点や陥りやすい問題点等があれば教えてください。また，部門別監査の頻度を落とすことに関し，何か問題はあるでしょうか。	080
Q23	当社の内部監査部門員は6名で，被監査部署は17あります。被監査17部署に対し，リスクアプローチに基づき，経営に資する効果的な監査を行うための中・長期の監査計画の策定方法について教えてください。	084

Q24	当社では，年間の監査スケジュール（監査テーマ決め含む）を策定する際，各事業本部の本部長へのヒアリングや，各事業本部単位で半期ごとに開催されるキックオフ・ミーティングの資料（目標設定が記されている資料）等を参考に，全社および事業本部の目標達成に資する上で重要と思われるキーワードを抽出し，これをベースに監査テーマを選定しています。しかし，これらの監査テーマには，将来実施しようとしている新たな取り組みや施策に依拠するものも多いため，どうしてもリスクが漠然とする傾向が見受けられます。その結果，監査を実施すべく個別の監査テーマのリスクの所在を明確にする事前調査を実施したところ，事案によっては監査に踏み込むまでの明確なリスクを洗い出せず，事前調査で内部監査部門員の時間を浪費した後に監査テーマを変更するケースも発生しています。上述の監査テーマ選定過程について，もっと留意すべき点はどのようなところでしょうか。	088
Q25	当社の内部監査部門は，社長直轄の組織となっています。内部監査部門では，監査対象先について，①事前に社長が気になる事項を確認した上で，②リスク管理，コンプライアンス，業務の効率化等について，総務・人事・経理・製造・販売等の分野に分けて，確認すべき事項をリスト化（約700項目）し，それに基づき網羅的に監査を行ってきました。今後は，一度監査した監査対象先には，2回目以降はより重点の高い論点のみに絞込み監査するよう計画しています。このような監査を実施するにあたり，アドバイスをください。	090
Q26	内部監査は過去からの積み重ねであり，内部監査の都度，問題点が改善されていけば，指摘事項は少なくなるはずだと思います。指摘事項が少ない部署は，次回監査までの期間を長くする一方，多い部署は，次回監査までの期間を短くすることは適切でしょうか。	094
Q27	初めて定期的な自己評価を実施することになりました。定期的な自己評価のプロセスや手法，評価結果を受けての実務への反映方法などについて教えてください。	098
Q28	内部監査部門が設立されて10年ほどです。そろそろ内部監査部門の外部評価も必要ではないかと考えています。しかし，費用がかかることもあり，実施するかどうか迷っています。 　そこで，外部評価にはどのようなものがあり，どのようなメリットが期待できるのか，できるだけ具体的に教えてください。また，外部評価を受ける際の留意事項があれば，あわせて教えてください。	102

Q29	内部通報制度が整備されているのですが，その活用実績は芳しくありません。そこで，内部監査部門として，内部通報制度の活用を奨励したり，普及啓蒙することに問題はないでしょうか。また，組織体として内部通報制度を効果的に運用するためには，どのような点に着目して監査を行うべきでしょうか。	106
Q30	当社では，リスクマネジメント委員会が立ち上がっておりますが，リスクマネジメント推進室が定期的に各部門に検討を依頼するチェックリスト上のリスクと，各部門が方針管理で取り上げている業務およびその推進上の課題（リスク）とが必ずしも一致していません。内部監査部門として，経営に資する監査を行うためには，全社のリスク評価を何らかの形で行い，優先順位づけをして，経営トップに監査計画の承認をもらう必要があると考えています。内部監査部門では，各部門の方針書を読み解き，そこに記載されているリスクを拾い出す方法をとる予定です。この状況下で，他に全社のリスクを監査目的で集約・評価する上で，効率的な方法があれば教えてください。	110
Q31	内部監査と監査役監査および会計監査人監査の連携の必要性は昔から指摘されてきました。しかし，連携の具体的な方法については，「計画の調整」，「結果の活用」，そのための「密接な情報交換」＝「定期的な会合」といった方法を超えるものを見出すことはできていません。内部監査と監査役監査および会計監査人監査との連携をより有意義なものとするにはどのような視点が必要と考えればよいでしょうか。	114

第5章
個別の内部監査の計画と実施

Q32	ガバナンス・プロセスの内部監査とは，どのような事項を対象として，どのような監査を実施したらよいのでしょうか。	120
Q33	内部監査における業務監査と規格適合監査（ISOにおける内部監査，個人情報監査，または内部統制対応の評価）を複合的に実施することを推進したいと考えています。極力，現場業務に負担をかけないように工夫をしたいのですが，どのような点に注意すべきでしょうか。また，こうした複合的な監査の実施例について教えてください。	124

Q34	企画，法務，人事，経理，総務などの管理部門に対する監査の計画および実施について教えてください。私は，担当領域について専門的な知識，技術，経験を備えている管理部門に対してどこまで，有効な内部監査が可能であるか疑問を感じています。管理部門からの反発もあるでしょうし，監査の実施自体をためらっています。また，内部監査による指摘や改善提案は，翻ってみれば，管理についての規定やプロセスを承認した経営トップの判断の不足や不備を認めることであり，経営トップの判断に対する批判にもつながりかねないとも思います。内部監査として，どうあるべきなのかを教えてください。	128
Q35	リスクベースの監査実施にあたり，固有リスク洗い出し⇒被監査部署の統制状況確認⇒残余リスク抽出・評価⇒監査シナリオ作成のステップに基づいた事前準備プロセスを検討しています。被監査部署の統制状況を事前にどう確認するか，および残余リスク評価にあたってどういう点に留意すればよいかについて教えてください。	132
Q36	往査後の現地での講評会において，被監査部署に監査結果を報告し，相互の認識に違いがないかを確かめます。その際，後日行う内部監査部門内での討議等を勘案した場合，指摘事項の有無や内容等，どこまで詳細に述べればよいでしょうか。	136

第6章 内部監査の技法

Q37	内部監査において，インタビューに際し，相手方が非協力的で恫喝的な態度で接してきた場合，どのように対応するのがよいか教えてください。なお，私は，何かリスクになることを秘めていると考え，より冷静になり粛々とインタビューを進めることが望ましいと考えています。	142
Q38	証憑書類の偽造を見破る方法について教えてください。最近，本物と見分けがつかないくらい精度の高い印刷をする専門の印刷会社があると聞いています。そのような印刷物を見分けるポイントはあるでしょうか。また，預金残高を確認する際，預金通帳のない，Web通帳では，どのように確認するのがよいでしょうか。	146

Q39	監査対象項目数が多い場合，試査により監査を行います。適切なサンプリングの手法を教えてください。特に，適切なサンプル抽出数をどのように判断すべきかを教えてください。	150
Q40	内部監査部門では，往査に向かう前に被監査部署に対し，管理項目について自己チェックをしてもらっています。しかし，自己チェックにおいては「概ねできている」旨の回答が多くを占め，往査時に自己チェックとのギャップに直面することも少なくありません。自己チェックなので仕方のない部分はありますが，正直に実態を回答してもらうためのアイデアや事例があれば教えてください。	154
Q41	内部監査においてCSA（うちアンケート方式）を活用する場合，具体的な進め方（アンケート項目等），留意すべき事項等について教えてください。	158
Q42	内部監査の効率化のために，CAATの活用は有効でしょうか。もし，有効であれば，活用例を教えてください。	162
Q43	当社は内部監査の一環として，各事業本部のシステムの監査を行っています。しかし，内部監査部門では，システムについてそれほど専門知識がないため，監査チェックリストに基づき，主に社内規定への準拠性監査を行っています。より能率的で価値を生み出すシステム監査にするためには，どのような方策を取ればよいか教えてください。	166

第7章
個別領域の内部監査

Q44	当社は，業種の特性上，膨大な個人情報を保持しており，個人情報の漏えいリスクが常に存在します。このリスクに対し，制度的，物理的，システム的にどのような対応をすれば社会的に許容範囲となるでしょうか。また，内部犯行者によるリスクが今後，課題になると思います。費用対効果を考慮し，現実的なレベルでの対応方法とそれに対する内部監査のあり方を教えてください。	172

Q45	当社では昨年労災が続き，至急対策が必要となっています。マニュアル上は問題なく，工場を視察しても整然と作業しているように見えますが，どこかで気の緩みがあるためか，事故が起きてしまいました。労災を未然に防ぐために有効な監査アプローチはあるでしょうか。	176
Q46	研究開発業務を対象として，開発品または導入品の投資対効果や貢献度評価の監査を行う場合，有効性や合理性のある監査を実施するためのポイントは何でしょうか。	180
Q47	当社では，ここ数年，事業運営上で他社との業務提携や他社への業務委託の形態が増えてきています。業務提携先や業務委託先を監査する場合の留意点を教えてください。なお，委託先がグループ会社の場合とそうでない場合に分けて説明してください。	182
Q48	当年度は，年度のテーマとして，法令遵守に関する監査を計画しています。まず，部署ごとの関係法令の調査（部署ごとの業務にどの法令が関わるか，責任者は誰か）を実施したところです。各部署からメンバーを借り，内部監査を実施する予定ですが，各部署に係る法令に関する専門知識が十分とはいえない中，どのように監査を進めればよいでしょうか。	184
Q49	当社は食品メーカーで，日本全国に営業拠点や工場を構えています。監査項目として，部門運営に関わる関連法規を遵守しているかを確認しています。しかし，各自治体の条例などにおいて，基準に違いあり，また記述が不明瞭（やらなければならないのか，やらなくてもいいのか，のどちらにもとれる）な場合もあるため，被監査部署の所在地ごとに，法や各自治体条例の確認をしなければならず，困っています。全社統一に対応するため，一番厳しい基準に合わせていますが，費用対効果もありますし，対象部門によってはやらなくてもよいのではという場合もあります。従来通り，全社統一の対応とするか，拠点ごとの基準で評価するか，アドバイスをお願いします。	188
Q50	当社は本年期首にグループ経営体制の再編を行い，各部門での変革を進めています。各社の企画，経理，人事等のコーポレート部門は統合され，結果として巨大なコーポレート部門ができあがりました。しかし，再編目的の1つは，スリムで機動的なコーポレート部門の実現でした。今後，コーポレート部門を対象とした内部監査を行うのですが，スリム化には相当の抵抗が予想されます。我々も覚悟をもって事前準備をして監査を行うつもりですが，心構え等でアドバイスをお願いします。	190

Q51	粉飾決算や資金の横領などの不正を防止するために，内部監査のポイントと監査方法について教えてください。	194

第8章
子会社等の監査

Q52	新規に設立した子会社の内部監査のあり方として，①子会社の組織内に内部監査部門を新たに設けて監査する方法と，②親会社の既存の内部監査部門により子会社を監査する方法とではどちらが適切でしょうか。また，当該子会社が親会社100％出資の場合と他に出資者がいる場合とでは，対応は異なるでしょうか。	200
Q53	昨年度，海外で会社を買収し，子会社化しました。当社製品の受託生産を行っている会社で，海外の同業他社とも取引があります。次年度，この海外子会社に，初めて内部監査に入る予定です。買収後，初めて実施する海外子会社の監査で，特に注意すべき項目は何でしょうか。何かアドバイスがあればお願いします。	204
Q54	関係会社で不祥事が発覚した場合，親会社の内部監査部門はどこまで介入して直接実態調査を行うことができるでしょうか。また，その関係会社が上場会社の場合はどうでしょうか。関係会社の不祥事について以後内部監査部門はどのように取り組めばよいでしょうか。	208
Q55	子会社は，当社100％出資で海外（A国）に本社を置いています。この子会社には，100％出資の子会社（B国）および40％出資の合弁会社（C国）の2社があります。親会社である当社から孫会社への出資はありません。連結対象の海外孫会社等への内部監査を効果的に実施するための留意点について教えてください。	212
Q56	当社の内部監査部門と海外子会社の内部監査部門との間でIIA基準の理解が微妙に異なるために，項目によっては内部監査の結果に差が出てしまいます。どのように調整すればよいのでしょうか。	216

第9章
内部監査の報告とフォローアップ

Q57	内部監査部門所属の各内部監査人の専門分野（内部監査部門に異動するまでの経歴等による）が異なるため、内部監査報告における指摘事項の内容（リスクの大きさの認識、改善に向けての指導内容・具体性・深さ等）に差が出てしまいます。内部監査人全員による検討会により調整を図ることとしていますが、十分ではありません。個人の考えも認め、ある程度の差は許容するようにした方がよいでしょうか、それとも組織として、統一性を高めるようにした方がよいでしょうか。	220
Q58	当社は、事業本部の下に複数の部門を置く組織形態を採っています。内部監査では、部門別に監査を実施していますが、部門別監査における指摘事項で、事業本部全体に関わる内容を指摘する場合があります。事業本部全体に係るリスクに早期に対処することは望ましいことと思いますが、部門別監査において事業本部全体に係る指摘を行うことによって問題が拡大し、解決に長期間要する結果になる場合もあります。許容の範囲内で、部門向けと事業本部向けに指摘を切り分けるべきかと考えますがその基準に悩んでいます。	224
Q59	被監査部署との監査報告書草案の調整に時間がかかってしまいます。内部監査人は正確に指摘を記述したいと考えますが、被監査部署には指摘を書いてほしくないという気持ちがあるようです。アドバイスをお願いします。	226
Q60	内部監査結果や改善提案を社内（グループ会社）で情報共有することは、啓蒙や教育の面からも有効と考えています。しかし、当然のことながら、機密事項を含みますから、情報漏えいリスクを考慮することも必要です。公表の範囲は役職面、内容面でどの程度が適当でしょうか。	230
Q61	当社では、原則として「監査結果より判明した改善未了事項については、完了するまで追跡フォローアップする」こととなっています。しかし、部門によっては、当初の監査から数えてフォローアップを複数回実施しても改善未了事項が残存してしまうケースがあります。効率的かつ効果的なフォローアップの方法について、よい事例があれば教えてください。	232

Q62	当社の内部監査部門は，当社だけでなく，国内外の子会社も監査の対象としています。監査結果として示した改善要望事項のフォローアップを継続確認していますが，子会社については親会社よりも改善のスピードが遅く，親会社と同レベルまでの改善が困難です。人材不足が多少影響していると考えますが，改善をもっと速くし，かつ本社単体と同レベルまでレベルアップをするのによい方法があれば教えてください。	236

資料　内部監査基準　**239**

コラム目次

- コラム1　一般社団法人日本内部監査協会　**025**
- コラム2　The Institute of Internal Auditors（IIA）　**029**
- コラム3　「専門職的実施の国際フレームワーク」　**059**
- コラム4　内部監査基準　**079**
- コラム5　公認内部監査人（CIA）　**087**
- コラム6　内部監査士　**161**
- コラム7　内部監査に関する調査　**203**
- コラム8　一般社団法人日本内部監査協会「会長賞」・「青木賞」　**211**

略語一覧表

略語	正式名	日本語
CAAT	Computer Assisted Audit Techniques	コンピュータ支援監査技法／コンピュータ利用監査技法
CBOK	Global Internal Audit Common Body of Knowledge	内部監査の国際的共通知識体系
CISA	Certified Information Systems Auditor	公認情報システム監査人
COSO	Committee of Sponsoring Organizations of the Treadway Commission	トレッドウェイ委員会支援組織委員会
CSA	Control Self Assessment	統制自己評価
CSR	Corporate Social Responsibility	企業の社会的責任
ERM	Enterprise Risk Management	全社的リスクマネジメント
IIA	Institute of Internal Auditors	内部監査人協会
IPPF	International Professional Practices Framework	内部監査の専門職的実施の国際フレームワーク
ISO	International Organization for Standardization	国際標準化機構
KPI	Key Performance Indicators	主要（重要）業績評価指標
OJT	On-the-Job Training	現任訓練／職場内訓練
OSHMS	Occupational Safety and Health Management System	労働安全衛生マネジメントシステム
ROI	Return on Investment	投資利益率
SAIV	Self Assessment with Independent Validation	自己評価と独立した検証
SOX	Sarbanes-Oxley Act of 2002	サーベインズ＝オックスリー法（企業改革法）

凡例

略語	正式名
「基準」	内部監査基準
「実務指針」	内部監査基準実務指針
「IIA基準」	内部監査の専門職的実施の国際基準

バリューアップ内部監査 Q&A

第1章

内部監査の本質

Q1 内部監査の定義にある①リスク・マネジメント，②コントロール，③ガバナンスとCOSOの内部統制フレームワークにおける5つの構成要素との関係をどのように整理すればよいでしょうか。

A

IIAによる内部監査の定義や日本内部監査協会による「基準」1.0.1では，内部監査の対象範囲として，ガバナンス・プロセス，リスク・マネジメントおよびコントロールをあげています。COSOの内部統制フレームワークがあげる5つの構成要素（統制環境，リスク評価，統制活動，情報と伝達，モニタリング）それぞれが，ガバナンス・プロセス，リスク・マネジメント，コントロールのどれに該当するのか，あるいはどう関わるのか整理してほしいというご質問かと思います。このご質問については，まず，なぜCOSOが内部統制について検討したのか，また「基準」等で内部監査の対象範囲をどのように位置づけているのかを理解することが必要です。

1. COSOの内部統制フレームワークの背景

COSOが内部統制フレームワークについての検討を始めたのは，トレッドウェイ委員会の勧告で要求されたからでした。トレッドウェイ委員会は，1980年代前半における粉飾事件等に対応して不正な財務報告の原因となる要因を明らかにし，その発生を少なくするための勧告を行うことを目的として1985年に設立されました。この委員会は，1987年に，『不正な財務報告全米委員会の報告書[*]』を公表し，その活動を終えました。報告書では，経営者と取締役会，会計プロフェッション，監督機関，司法機関，教育機関などに対して様々な勧告をしていました。その勧告の1つに「本委員会の後援団体は，内部統制に関する新たな指針の設定に協力すべきである。」があり，これに応えるために，内部統制フレームワークの検討が始まった

---

[*] 不正な財務報告全米委員会著，鳥羽至英・八田進二共訳『不正な財務報告：結論と勧告』白桃書房，1991年。

のです。

　トレッドウェイ委員会の報告書では，内部統制の有効性についての報告書を作成し，内部監査人が関与した上で外部報告することも勧告していました。今でいう内部統制報告制度の導入です。したがって，内部統制フレームワークは，内部統制の有効性を客観的に評価するために有用なフレームワークとなるように策定されています。1992年に公表されたCOSOの『内部統制の統合的フレームワーク[**]』では，経営者および取締役会が業務，財務報告およびコンプライアンスという3つの統制目的カテゴリーの達成について合理的な保証を得る場合に，内部統制は有効であると説明しています。そして，内部統制はプロセスであり，有効性はある時点における当該プロセスの状態であるとした上で，次のように説明しています。

　「特定の内部統制システムが『有効である』かどうかを決定するということは，5つの内部統制の構成要素が存在し，かつ，有効に機能しているかどうかについての評定から得られる主観的判断である[***]。」

　つまり，5つの構成要素は，外部報告も想定して，客観的に内部統制の有効性を評価するための手段として考えられたのですね。もちろん，内部統制が有効でない場合には，存在していない構成要素を識別することでどこに問題があるのかを把握できますので，改善を提案するためにも使えることになります。

　COSOは，2013年に，『内部統制の統合的フレームワーク』を改訂しました。改訂により，統制目的については，財務報告が報告となり，拡大されました。しかし，5つの構成要素はそのまま維持されました。加えて，5つの構成要素の下に，17の「原則」と87の「着眼点」を示し，内部統制の有効性を評価するための判断材料を階層化しました。これにより，内部統制の有効性を客観的に評価する手段という意味は，一層明確になってい

[**]　トレッドウェイ委員会支援組織委員会著，鳥羽至英・八田進二・高田敏文共訳『内部統制の統合的枠組み　理論篇』白桃書房，1996年。
[***]　上掲訳書，29頁。

るように思います。

2. 内部監査基準における内部監査の対象範囲

「基準」6.0.1では，内部監査の対象範囲について，「内部監査は，原則として組織体およびその集団に係るガバナンス・プロセス，リスク・マネジメントおよびコントロールに関連するすべての経営諸活動を対象範囲としなければならない。」と述べています。その上で，「組織体の目標を達成するよう，それらが体系的に統合されているかも対象範囲としなければならない。」としています。「IIA基準」では，2100番台に該当するところです。

「実務指針」6.0　内部監査の対象範囲では，ガバナンス・プロセスとリスク・マネジメントの関係について「組織体の基本目標はガバナンス・プロセスを通じて決定され，基本目標を達成するための下位目標はリスク・マネジメントのプロセスを通じて決定される。」と説明しています。そして，リスク・マネジメントは「目標達成のための戦略実施に伴うリスクを識別，分析および評価し，リスクへの対応を決定」するものとし，リスク・マネジメントとコントロールの関係を「リスクを取って戦略を実施すると決定した場合，そのリスクが組織体にとって受容可能な水準に収まっているように行われるすべての活動がコントロール」であると説明しています。また，「適切かつ十分なコントロールは，組織体の目標の達成を合理的に保証する。」とも述べています。

「基準」では，リスク・マネジメントやコントロールを独立して評価するのではなく，「実務指針」6.0の説明にあるような関係を念頭に，体系的な統合を含めた有効性の評価を求めています。この考え方は，「基準」6.3.1(1)における「内部監査部門は，……組織体のガバナンス・プロセス，リスク・マネジメントに対応するように，コントロール手段の妥当性および有効性を評価しなければならない。」という表現によく表されていると思います。組織体の経営目標の達成に役立つには，組織体全体の観点から改善に貢献しなければならないので，コントロールはガバナンスやリスク・マネ

ジメントを前提として、リスク・マネジメントはガバナンスを前提として、有効性を検討しなければならないといえるのではないでしょうか。この点、まず、内部統制の有効性の客観的な評価を考えるCOSOとは異なるといえるでしょう。

3. 関係の整理

　1で述べたとおり、COSOの内部統制フレームワークは内部監査の観点から策定されたものではありません。したがって、内部監査基準における概念と整合のとれた説明は困難であると思います。

　コントロールは、「IIA基準」の用語集において「経営管理者、取締役会およびその他の者が、リスクを管理するために、また、設定した目標やゴールが達成される可能性を高めるために行うすべての措置」と説明され、「基準」では2で述べたように位置づけられています。したがって、COSOの構成要素でいう、統制活動、情報と伝達およびモニタリングに近いのかもしれません。とはいえ、統制活動やモニタリングに適切な統制活動やモニタリングの選択までを含むとなると、「基準」でいうコントロールに含まれるのか疑問が生じてきます。また、リスク評価はリスク・マネジメントに含まれ、統制環境はガバナンス・プロセスやリスク・マネジメントの一部を構成するというような整理も可能かもしれません。しかし、設定された背景や目的の異なる概念（フレームワーク）間の整理をする必要はないでしょう。

　むしろ、内部監査人としては、コントロールやリスク・マネジメントを評価し改善を提案するにあたって、参照できるモデルの1つとして、COSOの内部統制フレームワークを活用すればよいと思います。5つの構成要素と17原則を読み込めば、その時の状況に応じて活用できる構成要素と原則に思い至るのではないでしょうか。

（松井）

Q2

IIAから「有効なリスク・マネジメントとコントロールにおける3つのディフェンス・ライン（防衛線）」と題したポジションペーパーが公表されています。内部監査の立場から，3つのディフェンス・ラインの考え方をどのように活用すべきかについて教えてください。

A

3つのディフェンス・ラインという考え方は，IIAのポジションペーパーだけではなく，COSOの『内部統制の統合的フレームワーク』やバーゼル銀行監督委員会の『銀行のコーポレートガバナンス原則』のような影響力のある文献でも採用されています。内部監査の特質をわかりやすく示す考え方なので，採用されたのでしょう。このご質問にお答えするため，3つのディフェンス・ラインの意味とポジションペーパーの位置づけを説明することから始めます。

1. 3つのディフェンス・ラインの意味

「実務指針」6.0内部監査の対象範囲では，〔参考〕としてIIAのポジションペーパーを受けて，3つのディフェンス・ラインを次のように説明しています。

「第1のディフェンス・ライン：業務執行の現場における管理および監督

第2のディフェンス・ライン：コンプライアンスやリスク管理等を所管する部署による管理および監視

第3のディフェンス・ライン：内部監査部門による監視および監査」

第1のディフェンス・ラインを担う現業部門の管理者は，その責任範囲についてのリスク管理責任者であり，責任範囲における業績に直接責任をもちます。現業部門の業績により直接に評価されるのですから，業績に対する客観性・独立性はなく，リスク・マネジメントやコントロールに関する客観的な分析を提供することはできません。

第2のディフェンス・ラインを担う間接部門の管理者は，それぞれの責

任範囲にあるリスクを管理するために適切な方針や手続を構築してその運用状況を確かめ，経営者に報告する立場にあります。現業部門の業績により直接評価されるわけではありませんが，その責任範囲の目的が達成されていないことにより現業部門の業績がマイナスの影響を受ける場合には，責任を問われます。したがって，その業績からの客観性・独立性は限定的であり，リスク・マネジメントやコントロールに関して真に客観的な分析を提供することはできないでしょう。

対して，内部監査は，監査対象業務の業績により評価される立場にはないので，個人的利益や自己保全のために客観性・独立性を侵害される恐れはありません。また，統治機関ないし上級経営者に直属し，報告ラインをもつので，独立性も高いといえます。ですから，ガバナンス・プロセス，リスク・マネジメント，およびコントロールに関する真に客観的な分析を提供できるのです。

ここで私が指摘したいのは，3つのディフェンス・ラインの考え方は，第2のディフェンス・ラインと内部監査の違いを明確にし，内部監査がもつ客観性や独立性の意義を強調しているということです。内部監査の実施や報告に役立つというよりも，内部監査の立場あるいは利点を関係者に説明する上で役立つ考え方といえると思います。

内部監査は，かつて二重管理機能（the control of controls）といわれてきました。例えば，1947年に公表されたIIAの『内部監査の責任に関する意見書』では，内部監査を「他の統制の有効性を測定し，評価することによって機能する1つの統制」と説明していました。近年，多くの組織体で，リスク・マネジメント部門やコンプライアンス部門が設置され，間接部門によるコントロールが充実してくると，これらもまた二重管理機能を遂行しますから，内部監査との違いが不明確になります。そうした中で，内部監査と間接管理部門によるコントロールの違いを明確にしているのが，3つのディフェンス・ラインの考え方だと思います。

2. ポジションペーパーの位置づけ

　IIAのポジションペーパーは，内部監査の専門家に限らず，幅広く利害関係者が，ガバナンス，リスク・マネジメントおよびコントロールを理解し，内部監査の役割や責任を理解する上で役立つためのステイトメントです。かつては「内部監査の専門職的実施の国際フレームワーク」(IPPF)の中に位置づけられていましたが，現在はこれに含まれていません。内部監査の実施や報告に役立つというよりも，関係者の理解を促進するという目的をもつペーパーですから，IPPFには含まないものとしたと思います。先ほど引用した，「実務指針」6.0でも〔参考〕として記述しているのは，理解を促進するための説明という位置づけだからといえるでしょう。

　3つのディフェンス・ラインの考え方がポジションペーパーであるということは，関係者に内部監査を理解してもらうための考え方であることを示しています。そして，内部監査が，客観的かつ独立の立場を活かして，第1のディフェンス・ラインと第2のディフェンス・ラインの有効性を検証および評価することの意義を説いたものといえるでしょう。

　内部監査の立場から，内部監査の必要性を関係者，とりわけ最高経営者や取締役・監査役等に理解いただく上で，3つのディフェンス・ラインの考え方は大変に説得力があると考えています。

3. 3つのディフェンス・ラインに関する留意点

　2で述べたように，3つのディフェンス・ラインの考え方は，関係者に内部監査の意義を説明するために有用です。また，内部監査が，様々なディフェンス・ライン間の調整を行うために最も適した立場にあることを説明するにも役立つでしょう。しかし，この考え方はディフェンス・ライン間の関係を説明するものであり，内部監査の定義でもなければ，内部監査の対象範囲すべてを表すものでもないことには留意する必要があります。

　内部監査を第3のディフェンス・ラインと位置づけることができるのは，第2のディフェンス・ラインが整備・運用されているからです。IIAによ

るCBOKの調査結果によれば，3つのディフェンス・ライン・モデルになじみのある回答者（回答者数14,518の約80％）であっても，回答者が属する組織体で内部監査を第3のディフェンス・ラインと捉えている割合は56％でした*。なじみのない回答者の属する組織体であれば，内部監査を第3のディフェンス・ラインとは捉えていないでしょうから，第3のディフェンス・ラインと捉えている組織体は半分を切ると思います。どのようなディフェンス・ラインを整備するかは各組織体の取締役会や最高経営者が決めるべき事項ですし，第2のディフェンス・ラインが整備されていないならば，内部監査が第2のディフェンス・ラインと位置づけられるのも自然なことではないでしょうか。

　また，3つのディフェンス・ラインには，取締役会や最高経営者がリスク・マネジメントやコントロールの方針を示し，それに基づいて達成すべき目標を設定し，許容するリスクを明示して，これらを伝達した上で浸透させるといった，ガバナンス・プロセスにあたるところが明示されていません。3つのディフェンス・ラインはコントロール間の関係に焦点をおいて内部監査の立ち位置を示すための考え方であるとすれば，この部分を明示していないのは当然かもしれません。内部監査では，ガバナンス・プロセス，リスク・マネジメントおよびコントロールの体系的な統合を含めた有効性の評価が重要ですから，第1および第2のディフェンス・ラインのみが内部監査の対象範囲であるというような観点には立たないようにするべきであると思います。

（松井）

---

*　堺咲子（訳）「内部監査にとっての10の緊急課題　変化する世界で成功するために」『監査研究』2015年9月号，参照。

Q3
当社の内部監査部門は，社長直属の組織として設置されています。ある部署の内部監査の際に，社長の肝いりで進めていた新たなサービスビジネスの進捗が思わしくなく，頓挫しつつある状況を確認いたしました。とはいえ，依然として社長はそのサービスビジネスにこだわり続けております。内部監査人として，そのサービスの廃止または撤退などを検討するように指摘する場合，どのような行動をとるべきでしょうか。

A

　質問者は，内部監査人として，あるサービスビジネスの廃止または撤退を検討するように指摘するお考えのようです。社長肝いりのビジネスであるだけに，社長の怒りを買わないためには，どのようにこの指摘をすればよいのかお悩みのように見受けられます。ですが，内部監査の本分に立ち返って考えれば，それほど悩むこともないでしょう。

1. 内部監査は, 直接に指示はしない

　「基準」では「内部監査の必要」の項において「内部監査は，ガバナンス・プロセス，リスク・マネジメントおよびコントロールの妥当性と有効性とを評価し，改善に貢献する。経営環境の変化に迅速に適応するように，必要に応じて，組織体の発展にとって最も有効な改善策を助言・勧告するとともに，その実現を支援する。」と述べています。そして，1.0.1では「客観的意見を述べ，助言・勧告を行うアシュアランス業務，および特定の経営諸活動の支援を行うアドバイザリー業務」を行うものとしています。

　評価，改善，そして支援といい，あるいはアシュアランスやアドバイザリーといい，いずれも，被監査部署に関する何らかの方針や計画について，内部監査が直接に指示する内容を含んでいません。内部監査が被監査部署の方針等について指示しない最も大きな理由は，本来の指示者は，業務の

結果に責任をもつ経営者であり，最終的には最高経営者である社長だからです。内部監査人が指示してしまうと，経営者の権限を侵犯し，指揮命令系統を混乱させてしまいます。指示ないし意思決定には結果に対する責任も含みますから，内部監査人は，本来負ってはならない責任を負うことにもつながります。

質問では，「サービスの廃止または撤退などを検討するように指摘する」ということですが，まず，この内部監査の本分をわきまえ，内部監査部門からの廃止や撤退の指示と受け取られないように留意する必要があります。そのためには，社長に報告する際，事実を明確に伝えることに専念するべきです。そのサービスビジネスにより，現在どれだけの収益がありどれだけの費用がかかっているのか，将来の市場の見通しがどうなのか，証拠に基づいて明確に報告するべきです。報告に基づいて意思決定するのは，社長の役割ですね。

2. リスクが重要な場合

内部監査人として，そのサービスビジネスの影響が非常に重要で，社長が会社全体にとって許容できないリスクを受容していると考える場合には，どうすればよいでしょうか。「基準」8.5.3 は，「内部監査部門長は，組織体にとって受容できないのではないかとされる水準のリスクを経営管理者が受容していると結論付けた場合には，その問題について最高経営者と話し合わなければならない。」と述べています。そして，話し合っても社長が対応しないのであれば，「当該事項を取締役会および監査役（会）または監査委員会に伝達」することになります。

状況にもよるでしょうが，このような対応が望ましいと思います。組織体全体にとって重要な問題であれば，取締役会で話し合うべきです。もし取締役会で取り上げられていないのであれば，監査役等に発言してもらうようにすればよいでしょう。

（松井）

Q4 内部監査では，事後データの検証を中心に監査が行われ，限られた一定の時間の中で意見をまとめるという手法が中心かと思いますが，現場における業務の実態監査も重要ではないでしょうか。例えば，一定期間，現場に入りこみ，現場で業務詳細を把握し，検証するような内部監査が必要と思います。もちろん，これを実行するとなると，人と時間が必要となり，現場への支障あるいはコスト増という経営上の問題も出てくるでしょう。しかし，不祥事を「水際で止める」ことができ，従業員への有効な指導や教育にもつながると思います。経営者の協力のもと，現場において，いわばジャストインタイムでチェックする内部監査はできないかと考えているのですが，こうした考えに対するご意見をください。

A

　内部監査では，事後データだけではなく，様々な手続を駆使して内部監査人自らが情報（証拠）を入手し，業務の実態を把握すべく努力されているものと思います。しかし，内部監査人が被監査側に往査する期間は限定されています。ご質問の趣旨は，内部監査人が相当の長期間被監査部署に滞在し，監査を行うことの是非についてかと思います。

1. 内部監査の対象

　内部監査では，ガバナンス・プロセス，リスク・マネジメントおよびコントロールに関連する経営諸活動の遂行状況を評価します。ご質問では，長期間現場に滞在して現場で業務詳細を把握し，検証することの利点として，不祥事を「水際で止める」ことをあげておられます。内部監査の基本的考え方としては，不祥事を「水際で止める」，つまり不祥事の発生を現場にいて抑えることよりも，まず不祥事を未然に防止できる状態をつくることを重視します。そのため，不祥事を防止するためのリスク・マネジメントが整備され，コントロールが機能しているかを評価するのです。もちろ

ん，どのようなリスク・マネジメントもコントロールも万全ではありませんから，発生した不祥事は早期に発見できる体制をとる必要もあります。リスク・マネジメントやコントロールを適切に整備・運用して，不祥事の防止や発見をするのは，経営者の責任です。内部監査は，経営者がこの責任を遂行しているかどうかを評価し，助言・勧告を行う役割を担います。

　従業員への指導や教育についても同様のことがいえるでしょう。内部監査は，経営者が責任を適切に遂行しているかどうかを評価し，助言・勧告します。内部監査が長期に現場にいて，直接に従業員を指導・教育するようでは，誰が経営者なのかわからなくなるのではないかと思います。

2. ジャストインタイムでチェックする内部監査が必要な場合

　ご質問のようなジャストインタイムでチェックする内部監査は，内部監査を日常的モニタリングに組み込むということかと思います。内部監査の日常的モニタリングへの組み込みは，一定の条件下では，是認されると思います。例えば，被監査部署において不祥事等を防止するコントロールが整備または運用されておらず，重大な不祥事が発生する可能性が高い場合です。こうした場合は，早期発見のために，内部監査人が常駐して発生を防ぐ必要があるかもしれません。あるいは，コントロールが遵守されないとすれば，非常に重大な損害が生じるような場合です。遵守されない状況をなくすために，内部監査人が，継続的に監視することも正当化されるでしょう。

　質問者も指摘されているように，内部監査人が被監査部署に常駐するには人と時間が必要であり，被監査部署の支障あるいはコスト増という問題もあります。したがって，内部監査人の常駐によるベネフィットとコストは，慎重に比較検討しなければならないでしょう。

（松井）

第2章 内部監査の独立性と組織上の位置づけ

Q5

当社の内部監査室は，内部統制部門に所属しています。組織変更に伴って内部統制部門に従来は企画部門で行っていた「法務関連業務」が編入されました。今年度，我々，内部監査室ではこの「法務関連業務」に対する内部監査を計画しておりますが，上長が同一なので「監査する側」と「受ける側」の承認が同じ人（個人）になってしまいます。「独立した内部監査」の観点からすると気になります。特に気にする必要はないのか，それとも，違った対応方法があるのか等について教えてください。

A

「基準」2.1.5では，内部監査部門長が兼務している内部監査以外の業務に対するアシュアランス業務は，内部監査部門以外の者の監督下で実施されなければならないと規定しています。内部監査室長の上長である内部統制部門長が内部監査以外の業務も担当しており，それらの責任者（承認権者）となっている場合には，「基準」にいう内部監査部門長が兼務している場合と同様の考え方が適用されます。これは，例えば内部監査室長が内部監査以外の業務に関するアシュアランス業務について，上長の立場を不利にするような監査報告書を提出しようとした場合，たとえアシュアランス業務が適切に実施されていたとしても，上長がその結果を承認しない可能性が考えられるためです。

以下では，内部監査部門長が兼務している場合を取り上げ，独立性および客観性の観点からの問題点，ならびに兼務している場合の対応について説明します。

1. 内部監査以外の業務と独立性および客観性

少ない資源で効率的かつ効果的な業務運営を行いたいなどの組織体独自の考え方などにより，コンプライアンスやリスク・マネジメントに関する活動など，アシュアランス業務の対象となりうる非監査業務を内部監査部

門長が兼務している場合があります。しかしながら，内部監査部門長が責任を有している内部監査以外の業務に対するアシュアランス業務においては，内部監査部門長自らが，保身のために監査の結果明らかになった問題を隠蔽する，あるいは内部監査部門員が部門長との関係から問題を指摘できなかったり，事実が歪められた報告書を作成するなどによって公正不偏性を欠き，内部監査部門の独立性または内部監査人の客観性が損なわれる可能性があります。

　内部監査人の客観性は，内部監査人が他からの制約を受けることなく自由に，かつ公正不偏の態度で内部監査を遂行することにより確保されるものです。また内部監査部門の独立性とは，内部監査人が内部監査の遂行にあたって公正不偏の態度を保持し，自律的な内部監査活動を行うことに関し，内部監査部門の能力を脅かす状態が存在しないことをいいます。内部監査部門が行うアシュアランス業務は，組織体の運営を改善し，価値を付加するために独立かつ客観的な立場から最も有効な改善策を助言し，その実現を支援することによって組織体の目標の達成に貢献することを目的として行われるものですから，そもそも内部監査部門長は，内部監査人の客観性と内部監査部門の独立性の確保に十分留意すべき立場にあります。

　内部監査部門長がアシュアランス業務の対象となる被監査業務を兼務している場合には，内部監査部門長自身が自らの中に利害の衝突を抱えている状態にあります。利害の衝突とは，内部監査人という専門職としての利害と個人としての利害が競合する状況のことをいいます。個人としての利害とは，この質問の場合でいえば，法務関連業務の責任者として，内部監査で問題を指摘されることによって自らを不利な状況に置くことは避けたいとする立場です。利害の衝突の存在が，常に非倫理的または不適切な行動に結びつくわけではありませんが，内部監査人としての職務が公正に遂行される妨げとなる場合があります。

　さらには，いわゆる外観的独立性に関する問題として，内部監査部門長

が責任を負っている内部監査以外の業務に関するアシュアランス業務は，果たして適切に行われているのかとの疑念を周囲の関係者が抱く可能性もあります。組織体内部でこうした疑念が生じるとすれば，内部監査活動全体に対する信頼性にマイナスの影響を及ぼすことも考えられます。したがって，内部監査部門の責任者が内部監査以外の業務を兼務することは，できる限り避けることが望ましいといえます。

2. 兼務している場合の対応

　内部監査部門長が内部監査以外の職責を課されている場合には，アシュアランス業務の独立性や客観性の低下を抑制するための対応措置を講じる必要があります。上述のとおり，「基準」では内部監査部門長が責任を有する内部監査以外の業務について，そのアシュアランス業務を担当する内部監査人は，内部監査部門以外の者の監督下で当該業務を行うことが求められています。ここにいう内部監査部門以外の者としては，具体的には例えば最高経営者または取締役会があげられます。そしてその監査報告も，内部監査部門長を通さずに，アシュアランス業務を実施した内部監査人自らが最高経営者，取締役会および監査役等に直接行わなければなりません。

　また，この監査報告にあたっては，内部監査部門長が負っている内部監査業務以外の業務に関する責任，当該内部監査業務以外の業務の組織体における重要性，内部監査部門長と当該内部監査業務以外の業務について内部監査を実施した内部監査人との関係などについても開示することが望まれます。内部監査部門以外の者の監督下でアシュアランス業務が行われた状況を明確にしておくためです。

　さらに，内部監査部門長が責任を有している内部監査業務以外の業務については，組織体内部の内部監査部門ではなく，組織体外部の適格な第三者に内部監査業務を委託することにより，内部監査の独立性および客観性の喪失の程度を小さくすることが可能な場合もあります。

しかし，こうした対応をとったとしても，アシュアランス業務の対象となる内部監査以外の業務を内部監査部門の責任者が兼務している状況に変わりはありませんから，内部監査の独立性と客観性が損なわれる可能性は，その程度が減じられるとはいえ依然として存在します。したがって，兼務している業務の組織体における重要性や，過去において内部監査の独立性および客観性がリスクにさらされた可能性の有無等を十分に考慮した上で，可能であれば内部監査部門の責任者の兼務を解消し，内部監査部門を最高経営者に直属させるなどの抜本的な対応策も検討すべきです。

〔森田〕

Q6

当社の内部監査部門は，CSR本部内にあります。CSR本部は内部監査部門以外に，業務執行に関係する部門が存在しているため内部監査部門の予算や人事評価・人員について必ずしも独立しておらず，経営状況により予算・人員面で影響を受けています。内部監査部門長の上に，本部長が存在し，内部監査部門長と社長が直接対話する機会が取りにくく，監査報告の上程までに時間がかかるという問題もあります。これらの問題を解決する手段を教えてください。

A

「基準」では，内部監査部門の予算や人員などの監査資源の管理について，内部監査部門長は承認された内部監査計画の達成のために十分かつ適切な監査資源を確保し，これを効果的に活用しなければならないと定めています（5.4.1）。また，内部監査人は内部監査が効果的にその目的を達成するため，内部監査の実施において他からの制約を受けることなく自由に内部監査を遂行し得る環境になければならず（2.1.1），内部監査部門も内部監査人が自律的な内部監査活動を行うことができるように，組織体内において独立して組織されなければならないと規定し（2.1.2），内部監査の独立性と客観性を確保するよう求めています。

十分かつ適切な監査資源が確保できない状態では内部監査人の業務が制約を受け，自由にまた自律的に内部監査活動を行い得る環境にあるとは考えられず，したがってご質問者の内部監査部門は，内部監査の独立性と客観性が確保されている状態にあるとはいえません。

特に人事評価に関する独立性が確保されていないとすれば，内部監査の結果に重大な影響を及ぼすことも考えられます。本部長が内部監査部門長の人事評価を行う立場にある場合には，本部長が責任を有する内部監査部門以外の部門において，内部監査で問題が把握されたとしても，監査報告でこれを指摘することを断念せざるを得なくなることが想定されるためです。

また，内部監査部門長と最高経営者が直接対話する機会が取りにくいと

いうことは，内部監査に対する最高経営者の理解が十分に得られていない可能性が考えられます。内部監査は，組織体の経営目標の効果的な達成に役立つことを目的としています。内部監査部門長が最高経営者および取締役会に対して行う定期的な報告には，ガバナンス・プロセス，リスク・マネジメントおよびコントロールに関する問題点その他最高経営者または取締役会にとって必要とされる事項も含まれるのですが，対話の機会が少ない場合には，そもそも経営者層のニーズがどの程度内部監査に反映されているのかということも気になるところです。

　最高経営者に内部監査の重要性を認識してもらうための方法としては，監査役会，監査委員会または監査等委員会にこうした状況を説明し，監査役等の職務として対応してもらうことが考えられます。ここでは，監査役会設置会社を前提として説明します。

1. 株式会社の業務の適正を確保するための体制と監査役

　監査役の職務は，取締役の職務の執行を監査し，監査報告を作成することにあります（会社法第381条第1項）。この取締役の職務執行の監査には，取締役による職務が法令または定款に違反していないかの検討も含まれます（会社法第382条）。大会社である取締役会設置会社においては，取締役会は，取締役の職務の執行が法令及び定款に適合することを確保するための体制その他株式会社の業務並びに当該株式会社及びその子会社からなる企業集団の業務の適正を確保するために必要なものとして法務省令で定める体制の整備を決定しなければなりません（会社法第362条第5項）。この決定に基づいて，代表取締役その他の業務執行を担当する取締役がこれらの体制の具体的な整備・運用を行うことになりますが，内部監査もこうしたいわゆる内部統制の整備・運用の一環としてその実施が求められることになります。

　内部監査の独立性と客観性が確保できていない状態では内部監査が正常に機能しているとはいえず，内部統制のモニタリングが十分かつ適切に実

施されていないことになりますから，株式会社の業務の適正を確保するための体制の整備について取締役会が決定した内容またはその具体的な整備・運用に問題が生じている状態にあると考えられます。監査役はこうした状況を取締役会に報告し，改善を促すなどの対応をとるべき立場にあります。

2. 内部監査部門と監査役との連携

　監査役による会社法に基づいた対応以外に，監査の連携の観点からも有効な内部監査の実施が求められます。「監査役監査基準」では，監査役に対し，会社の業務および財産の状況の調査その他の監査職務の執行にあたっては内部監査部門その他内部統制システムにおけるモニタリング機能を所管する部署と緊密な連携を保ち，組織的かつ効率的な監査を実施するよう努めるとともに，内部監査部門等の監査結果を内部統制システムに係る監査役監査に実効的に活用することを求めています（第37条第1項および第2項）。また，「基準」9.0.1においても，内部監査は法定監査の基礎的前提としてのガバナンス・プロセス，リスク・マネジメントおよびコントロールを独立的に検討および評価することにより，監査役監査等の法定監査の実効性を高めるものであるべきことが要請されています（9.0.1）。

　内部監査部門と監査役が連携するためには，それぞれの監査が有効に実施されていることが前提となりますが，内部監査の独立性と客観性が失われている状態では効果的な連携が図れず，監査役にとっても情報共有や効率的な監査が行えないことになります。内部監査部門と監査役の連携をより一層深める観点からも，実効性ある内部監査を実施できる態勢づくりが重要です。

　ここでは監査役会設置会社の例で説明しましたが，独任制に基づく監査役監査とは異なり，監査委員会または監査等委員会による監査においては，その具体的な監査方法として内部統制システムを利用することが会社法上の前提とされています。このため，内部監査の有効性は，監査役監査の場合以上に，これらの委員会による監査に実質的な影響を及ぼすものと考えられます。

（森田）

コラム1　一般社団法人日本内部監査協会

　日本内部監査協会は，1957（昭和32）年10月に，「日本内部監査人協会」として設立されました。その後，1958（昭和33）年1月に現在の「日本内部監査協会」に名称を変更し，2007（平成19）年7月に社団法人として許可されました。さらに新公益法人制度に対応して2013（平成25）年4月に「一般社団法人日本内部監査協会」となりました。

　協会の設立目的は，「内部監査および関連する諸分野についての理論および実務の研究，並びに内部監査の品質および内部監査人の専門的能力の向上を推進するとともに，内部監査に関する知識を広く一般に普及することにより，わが国産業，経済の健全な発展に資すること」です。

　また，国際的な内部監査の専門団体である内部監査人協会（IIA）の日本代表機関として，世界的な交流活動を行うとともに，内部監査人の国際資格である"公認内部監査人（CIA）"の認定試験を実施しています。

　現在，会員は，民間企業・官公庁・公共事業体等あらゆる組織体において，内部監査またはこれらに関連する業務にたずさわる方々と学識経験者等をもって構成されています。

　会員は正会員，IIA個人会員，名誉会員に区分され，2017年3月31日現在，会員数は計7,292となっています。

Q7
内部監査部門は、組織上、社長直轄ですが、内部監査部門員の日常業務（各種精算や有休申請等）は管理担当役員（常務取締役）が管理しています。ところが、当該常務取締役の担当である管理部門の監査を行うと、常務取締役から監査報告書に不都合なことを書くなぁなどとパワハラまがいの圧力があり、手心を加えた報告書になってしまっています。現在のところ、常務取締役からの報復人事を恐れ、社長には直接、この件は報告していません。どのように対処すればよいでしょうか。

A

「基準」8.1.4では、内部監査結果の報告について、報告は正確、客観的、明瞭、簡潔、建設的、完全かつ適時なものでなければならないと規定しています。監査報告書の内容が事実を歪曲したものであるとすれば、その監査報告は正確、客観的かつ完全なものとはいえません。また、「実務指針」8.1では、内部監査人は事実の認定、処理の判断、証拠資料の評価および意見の表明を行うに際し、隠蔽、情報操作等に加担することがあってはならないと定めています。積極的に加担していなくても、監査報告書の内容が歪められれば、結果としては問題の隠蔽または情報操作を行っていることと同じことになってしまいます。以下では、内部監査の独立性および客観性の確保ならびに内部監査基本規程の制定の意義の観点からこの問題を考えます。

1. 内部監査の独立性と客観性の確保

「基準」2.1.1では、内部監査人は内部監査が効果的にその目的を達成するため、内部監査の実施において他からの制約を受けることなく自由に、かつ公正不偏な態度で内部監査を遂行し得る環境になければならないとし、内部監査人が客観性を保持することを要求しています。ここにいう客観性とは、内部監査人の公正不偏な精神的態度のことです。客観性の基準は、

内部監査人に対し，監査上の諸問題に関する判断を他人に委ねないことを求めています。内部監査が客観性を喪失したものであれば，その監査の結果は誤ったまたは偏った判断を含むことになり，内部監査の結果を利用する人々を誤導することになります。

また「基準」2.1.2では，内部監査部門について，内部監査人が内部監査の遂行にあたって不可欠な公正不偏な態度を堅持し，自律的な内部監査活動を行うことができるように，組織体内において独立して組織されるべきことを要求しています。ここにいう独立性とは，内部監査人が公正不偏な態度で内部監査の職責を果たすにあたり，内部監査部門の能力を脅かす状態が存在しないことを意味しています。したがって，内部監査人が客観性を保持するためには，内部監査部門が組織的に独立していることが重要な要件となります。

「基準」4.5.1ではさらに，内部監査部門長は「基準」から逸脱していると認められた事実が内部監査の監査範囲または監査結果に重要な影響を与える場合には，その逸脱事項とその影響および是正措置を最高経営者，取締役会および監査役等に速やかに報告しなければならないとも規定しています。内部監査が本来の役割を果たすためには，聖域をつくらないことが必須です。被監査部署の干渉を受けずに内部監査業務を遂行できるよう，最高経営者および監査役，監査委員会または監査等委員会に事態の改善を働きかけ，この件に関する監視を要請すべきです。

また，この件は組織体のガバナンスにも関係しますので，組織体内の状況によっては，社外監査役や社外取締役にこの問題を説明し，社外役員の立場から最高経営者や取締役会にアプローチしてもらうことが有効かもしれません。監査役会設置会社の場合には，最低2名の社外監査役を選任しなければならないことになっていますし，指名委員会等設置会社や監査等委員会設置会社であれば，社外の監査委員または監査等委員（いずれも社外取締役）を最低でも2名選任することになっています。これら社外の監査役，監査委員および監査等委員には，経営者から一定の距離を置き，そ

の影響を受けずにより客観的な意見を表明することや，社内慣習等から生じるおそれのある内部統制・リスク管理体制の不備の存在を外部の視点から検証することなどが，その果たすべき役割として期待されています。さらに，監査委員会および監査等委員会の場合には，その監査の方法として内部統制システムを利用することが前提とされています。この内部統制システムにおいて，内部統制のモニタリング機能を中心的に担っている部署が内部監査部門です。したがって，内部監査部門による監査が公正に行われていないとすれば，その影響は，監査委員会または監査等委員会による監査そのものにも影響を及ぼすことになります。また監査役の場合でも，内部監査部門との連携は非常に重要ですから，共有する情報に誤りや偏りがあれば，自らの監査内容にも悪影響が及ぶ可能性があるのです。

　なお，被監査部署の担当役員から圧力を受けた場合には，その日時と内容を必ず記録に残しましょう。

2. 内部監査基本規程の制定意義

　「基準」2.3.1 では，内部監査を効果的に実施していくために，内部監査部門の目的に照らし，内部監査人の責任および権限についての基本的事項が，最高経営者および取締役会によって承認された組織体の基本規程として明記されなければならないと規定しています。文書化された内部監査基本規程がすでに存在している場合には，内部監査部門が現在置かれている状況等を踏まえ，その内容を再度検討してみましょう。「基準」2.3.2 では，当該基本規程を適時に見直し，最高経営者および取締役会の承認を得ることを求めています。

　内部監査基本規程は，内部監査部門の目的，活動範囲，権限，責任などを明文化したもので，内部監査部門における最上位の規程です。この規程により，どのような目的でいかなる権限が内部監査人に与えられているか，どのような内容の監査が内部監査部門に期待されているかが明確になります。内部監査人の立場からすれば，この規程は最高経営者および取締役会

の内部監査に対する認識を確かめる手段ともいえます。この内容が最高経営者および取締役会に承認されることが，円滑な内部監査業務の遂行につながります。この内部監査基本規程の見直しに合わせて，規程に明記されている内部監査部門の目的達成のため，内部監査の独立性と客観性を阻害する要因を洗い出し，その解消を図ってもらうよう最高経営者および取締役会に要望しましょう。

（森田）

The Institute of Internal Auditors（IIA）

　IIA（内部監査人協会）は，1941年11月に，V.Z. Brink, R.B. Milne, J.B. Thurstonの3名が設立委員となって，アメリカ合衆国ニューヨーク州の法人として設立されました。

　内部監査の専門職としての確立，内部監査の理論・実務に関する内部監査担当者間の研究ならびに情報交換，内部監査関連論文・資料の配布を中心として，内部監査に関する世界的な指導的役割を担っています。

　現在の本部は，フロリダ州オーランド市のレークマリーにあり，100以上の国と地域に代表機関（Institute）があります。会員は個人単位で登録され，2018年2月現在，170以上の国と地域から190,000名以上が登録しています。

　IIAの主要活動内容には，次のようなものがあります。
- 国際的なスケールでの内部監査専門職としての啓発活動
- 内部監査の実務基準の策定
- 公認内部監査人（CIA）等の資格認定
- 内部監査・内部統制および関連諸問題の世界的な知識・情報を会員および社会に普及・啓発すること
- 会員，その他に対して世界各国の内部監査実務に関する教育のために会議を開催すること

Q8
当社では，グループ経営の一環として子会社の内部統制に対し，親会社の立場として指導・支援（提言・コンサルティング等）を実施する担当部署を設置しています。その担当部署の者が，当該子会社の内部監査人となることは適切でしょうか。

A

　内部監査も含めて監査とは，一般に，独立の第三者によって実施される客観的なアシュアランス業務です。子会社の内部統制システムの設計等に関与した者が，内部監査業務を実施することは単なる事後チェックにすぎず，客観的なアシュアランスを提供することができないと見なされます。内部統制システムの構築に関与しているということは，その仕組みの妥当性や有効性を客観的に評価できる立場にないと見なされるからです（自らが指導して設計した内部統制システムの妥当性や有効性を否定するはずがないと見なされます）。かろうじて内部統制システムの運用状況を確認することは可能かもしれませんが，内部統制システムそのものの妥当性や有効性に関する評価結果には，バイアスがかかっているように見えてしまいます。

　そこで「基準」では，内部監査の実施に際して，こうしたバイアスがかかっていると見なされないようにするため，また実際に内部監査人がバイアスをかけないようにするため，内部監査人の客観性や独立性を担保させるための規定を設けています。

　すなわち，内部監査人を他から制約を受けることなく自由に，かつ，公正不偏な態度で内部監査を遂行する環境に置き（「基準」2.1.1），組織体内において独立して組織されなければならないとすることで（「基準」2.1.2），内部監査人に自律的な内部監査活動を行うよう促しています。

　このように，内部監査機能を果たすためには，内部監査人は監査対象から完全に独立した客観的な立場になければならないことが要求されているのです。

監査対象業務に関与した者が内部監査を実施した結果，たとえ発見事項や指摘事項等がなく満足な状況が事実であったとしても，それを事実と認められにくく，また発見事項や指摘事項があったとしてもそれがすべてであるとも認められず，他に隠蔽されている事象があるのではないかと疑念をもたれる可能性が残ります。また，監査対象業務に関与した者による内部監査の結果，指摘・改善事項があれば，関与した行為（この場合，親会社の立場からの指導）は何だったのか，という反発も生まれかねないし，そうなると親会社のグループ管理手法に従わなくなるという極めて望ましくない状況に発展しかねないことも可能性として否定できません。

　また，自らが関与した業務を監査するということが客観的な報告を妨げるリスクになることは上述しましたが，万が一にも客観性を欠く報告に基づいて，経営者が不適切な意思決定をしてしまうと，組織・グループ目標の達成が阻害される恐れが高まることになるでしょう。

　したがって，親会社の立場から子会社の内部統制システムの指導・支援を実施する担当部署に所属する人員が当該子会社の内部監査人に就任することは，不適切で避けるべきことと考えられます。

　ただし，内部統制システムに関する子会社支援・指導業務から離れて一定期間を経過した場合には，グループ会社内の人的資源に鑑み，内部監査人に就任することも容認されると考えられます。「基準」2.1.4では，少なくとも1年間は，以前に責任を負った業務に対するアシュアランス業務を行ってはならないと規定しています。

（武田）

第3章

内部監査人の能力およびに正当な注意

Q9

中途採用で入社し，3年目で内部監査室に配属されました。配属以前に内部監査の経験はありません。内部監査士認定講習会で，「内部監査人に必要なのは，専門分野の知識および経験よりも，注意力，感性，一般常識……である」と教わり，自分でもできるはずと思いました。とはいえ，内部監査人には，その分野の専門家が気づいていない組織および業務上の問題点，未対処の重大なリスクを発見して指摘することが求められます。これに応えるには，監査と業務に関する専門知識・経験がないと厳しいと思います。取組みの心構えなどを教えてください。

A

　効果的な内部監査を実施するためには，コミュニケーション能力と論理的思考能力がベースにあって，その上で監査対象業務に関する知識および監査業務に関する知識がものをいう，といったイメージになると思います。経営センスがあれば，なおよいでしょう。

　監査の知識や経験もなく内部監査部門に配属になりますと，いきおい監査に関する知識を得ようと考えられるのは当然です。しかし，監査計画の策定方法や監査手続に関する教科書的な知識をいくら詰め込んでも，実務の現場ではおそらく通用しないでしょう。また，あらゆる監査対象に関する専門知識・経験を有することも不可能です。

　そこで，被監査部署から問題点や課題を引き出すコミュニケーション能力，資料や証拠を分析的に検討しその結果を論理的に積み上げてゆく能力，そして監査業務の現場で問題点を発掘する感性や注意力といったことが重要となってきます。

1. 監査基準等が求める内部監査人の能力と資質

　IPPFの「内部監査の基本原則」（Core Principles）では，内部監査人に必要な能力と資質に関し，「誠実性を実践により示すこと」，「専門職とし

ての正当な注意を実践により示すこと」,「効果的なコミュニケーションを行うこと」,「見識に富み率先的で未来志向であること」などを謳っています。この点からも,内部監査人に求められる能力と資質は,必ずしも専門分野の知識や経験だけではないことがおわかりいただけると思います。

監査対象および監査業務に関する専門的能力というのは,内部監査人の独立性をより強固にし,監査業務を行う上での注意義務の前提となるものと理解してよいでしょう。つまり,内部監査人がその専門的能力に欠けるようなことがありますと,被監査部署やその他の関係者の言いなりになってしまい,公正不偏な態度の保持を侵害する要因となります。また,十分な注意義務を果たすこともできないでしょう。

「基準」3.1.1でも,「内部監査人は,その職責を果たすに十分な知識,技能およびその他の能力を個々人として有していなければならない」としています。ここでいう「十分な知識,技能」には,監査対象業務に関する知識・技能も含みますが,それはあくまでも監査業務の効果的な遂行にとって求められる知識・技能ということになります。監査対象業務に関する専門家と同等,あるいはそれ以上の知識・技能まで要求しているものではありません。また,「基準」でいう「その他の能力」に,コミュニケーション能力や論理的思考能力などが含まれると考えればよいでしょう。

さらに,「基準」3.1.1が求める内部監査人の知識・技能に関してより重要なことは,「……内部監査の遂行に必要な知識,技能およびその他の能力を継続的に研鑽し,それらの一層の向上を図る……」としている点です。ビジネスを巡る環境は常に変化し続けています。内部監査人には,スキルアップを図る不断の努力こそが求められているのです。

2. 内部監査の効果を高めるために必要な能力と資質

経験豊かな内部監査人の方に「内部監査人として最も必要かつ重要な能力は何ですか」と聞きますと,ほぼ例外なく,コミュニケーション能力と論理的思考能力であるという答が返ってきます。

内部監査人はすべての監査対象業務を経験し，それに精通しているとは限りません。なによりも，監査対象業務に関する問題点なり課題を熟知しているのは，被監査部署員であるといってよいでしょう。そこで，被監査部署員から，問題点なり課題をうまく引き出す能力が必要となります。それがコミュニケーション能力です。

　また，監査報告の中で改善意見を表明するに際して，内部監査人の独善的な判断とならないようにするためにも，被監査部署が認識している問題点なり課題をうまく引き出すことは重要な意味をもっています。

　ヒアリングという監査技術がありますが，それはわからないことを被監査部署から教えてもらうことではありません。内部監査人は，事前に十分な下調べを行い，関係書類等を精査した上で，確かめるべき事項（監査要点ともいいます）を明確にした上で臨む必要があります。内部監査人として，何を確かめたいのかを自らの言葉で説明できることが必要です。それが被監査部署から問題点なり課題をうまく引き出したり，それらの原因を深堀りする上で重要なことになりますし，誠実な態度で監査に臨んでいることも理解してもらえるでしょう。

　監査という行為の性質上，内部監査人には，論理的思考能力も必要です。とりわけアシュアランスを提供する場合，監査手続の結果として入手した監査証拠を分析的に検討し，その結果を論理的に積み上げてゆくことで最終的な心証を得てゆくプロセスを踏むからです。相互に矛盾する証拠が入手されることもあるでしょう。極めて限られた証拠に基づいて判断しなければならないこともあり得ます。最近，クリティカルシンキングといったものが注目を集めていますが，内部監査では論理的な判断や推論ができる能力が重要です。

　また，監査に際して，実際に業務を執行している被監査部署とは意識的に「異なったものの見方」をすることも重要です。専門家であっても，異なった分野や立場の人から，思いもつかないような指摘を受けることはよくあることです。単に，被監査部署から，問題点なり課題を引き出すだけ

では，被監査部署による自己点検の手伝いにすぎません。そこで，例えば外部委託の監査におけるヒアリングで，契約が定められたプロセスに従っていないといった課題が明らかとなった場合，内部監査人は，少し見方を変えて，そもそも定められたプロセス自体に問題がないかどうか，契約上の問題が生じた場合の対応窓口が明確になっているかどうかといった視点を加えて，契約プロセスを見てみるという工夫をするとよいでしょう。

3. 将来的に必要となってくる技能

近年，データ・アナリティクスと呼ばれる，統計的手法をベースに，膨大なデータ分析を通じて知見を得る技術の内部監査への適用が注目を集めています。CAAT（コンピュータ支援監査技法）と呼ばれる手法の一環として実施される場合もあります。

具体的には，コンプライアンスの状況の評価（支払報告書とカード利用明細との照合など），不正の発見と調査（幽霊社員や偽装ベンダーの識別，従業員とベンダーとの関連性分析など），業務パフォーマンスの評価（無駄なコストの分析，長期滞留在庫の分析など），内部統制の評価（職務分離状況の分析，アクセス統制の状況分析など）への適用が期待されています。

また，業務システムに例外データや異常データを自動的に抽出する監査用のモジュールを組み込んで，問題のない処理済みのデータに対して連続的にアシュアランスを付与する連続的監査技法（continuous auditing）も現実味を帯びつつあります。将来的には，異常データ等の抽出と分析に人工知能が利用される時代も訪れるでしょう。

ITの進展によって，将来的に内部監査人に求められる技能は大きく変わってくる可能性があります。

（堀江）

Q10 当社内部監査部門の導入教育は限定的で，月次の教育とOJTでスキルアップするスタイルを採っていますが，実務中心になりがちです。私は内部監査経験1年強で内部監査士認定講習会を受講し，基礎知識不足を実感するとともに実務経験があることで理解が進んだと思える部分もありました。内部監査部門の教育のあり方および内部監査士認定講習受講のベストタイミングについて教えてください。

A

1. 社内教育の方法

社内教育の方法は，座学，インターネットやビデオ教材を利用した自己研修，OJTなどが考えられます。

❶ 座学

座学は，先任内部監査人（経験を積んだ者）がレクチャーするもの，外部の専門家を講師として招聘し実施するもの，日本内部監査協会等の外部団体が主催する講習会に参加するものなどがあります。また，これまでに実施してきた自社の内部監査の結果（監査計画書，監査調書，監査報告書，フォローアップ報告書等）を用いたケース・スタディも有効と考えられます。

❷ インターネットやビデオ教材を利用した自己研修

インターネットやビデオ教材，通信教育を利用した自己研修は，参加者の都合に合わせられること，何度でも反復的に学習できることといった利点があり，活用しやすいでしょう。またこの研修方法は，広く一般的な内容を網羅的に扱うものが多いため，基本的な知識の習得に向いています。代表的なものとしては，放送大学の「現代の内部監査」講座（日本内部監査協会制作支援）があげられ，テレビ視聴はもちろんのこと，インターネット配信が行われており，誰でも視聴することが可能です。またテキストも一般書店で入手可能であり，導入のハードルは低いものと思われます。

❸ OJT

　OJTでは，先任内部監査人と新人がチームとなって監査を実施し，先任内部監査人は新人の業務の監督とアドバイスを行い，監査技法やノウハウを伝授することになります。さらには，新人が作成した監査調書をレビューし，追加の作業や調書の訂正箇所の指摘等を行うことになります。この際，先任内部監査人は，あまり口を出さないようにすることが重要と思われます。

　例えば，監査計画を策定させる場合，監査計画は往査の際の指針となるものなので，往査（および結果）をイメージさせながら計画を策定させる必要があります。監査計画を手続，時間的な枠組みだけで捉えるのではなく，結果まで想定することが求められるのです。何を目的に監査するのか，目的を達成するための監査証拠は何か，どのように入手するのか，代替手段は何か，どういったリスクがどこにあるのか，どのような結果が見込まれるかといったことがイメージされた監査計画が必要となります。この点を新人に理解させ，修得させる訓練がOJTであって，そのためには不備な点さえ指摘せずに，単に再度の策定を命じるなどのことがあってもいいように感じられます。OJTは，JobとしてTrainingするのであって，ただ単に教えられたのでは座学と変わらないといえるでしょう。Trainingとは自ら汗をかく行為なのです。

2. 社内教育のあり方

　前節では社内教育の方法を3つに分類して説明しましたが，これらを教育内容別にいかに組み合わせていくのかが社内教育のカギとなります。

❶ 新人教育

　内部監査を実施する上で必要な知識は，まず内部監査そのものに対する知識と監査対象に関する知識（自社・グループの業務内容，関連知識，関連法令等）です。これらを座学やビデオ教材を中心に修得することが最初のステップになります。次のステップはケース・スタディになります。自

社においてこれまで培ってきた方法を自己研修や先任内部監査人の下で学びます。自社の監査の方針なり，計画の策定方法，監査の実施方法や監査技法，監査調書の記載方法，監査報告書のまとめ方などを学び，知識の定着を図ります。3段階目として，蓄積・定着させた知識の活用訓練にOJTが位置づけられます。

後はどのステップにどれくらいの時間をかけるかということですが，これは個々の会社の置かれた状況によらざるを得ないでしょう。第1ステップ（座学・自己研修による知識の蓄積）と第2ステップ（ケース・スタディによる知識の定着）を合わせて3か月から半年程度，第3ステップ（OJTによる知識の活用訓練）に3か月から半年くらいが1つの目安と考えられますが，ケース・スタディの時間を削減して，OJTにその分多く費やすことも十分考えられます。また，研修を受ける新人の基礎力にも影響を受けるので，臨機応変に教育プログラムを考える必要があるでしょう。

❷ **継続教育**

前述の新人教育に限らず，継続教育についても考える必要があります。自社の監査の失敗例を用いたケース・スタディや外部講師招聘，外部研修の参加などにより，内部監査人のレベルアップを図らなければなりません。レベルアップには，社内経験の蓄積に頼るだけではなく，積極的に外部事例から学ぶことが重要です。また，内部監査技法に限らず，会計，法律，ITや自社の活動内容に関する専門知識についても研鑽を積めるような教育プログラムをつくる必要があります。ただしこうした教育プログラムは，必ずしも内部監査部門単独で設置，運営する必要はありません。

3. 内部監査士認定講習受講のタイミング

内部監査士認定講習は，かつては「受講資格」の1つとして実務経験3年以上という条件がありました。この条件が設けられた理由は，実務経験を3年程度積んでいれば監査業務を一通り経験し，講習内容の深度ある理解が得られるからとのことでした。

しかし一方で，内部監査部門においても他の部門と同様に人事ローテーションのもとで配属が決まる日本の場合，3年を経過し，受講資格を得ると同時に異動するケースやそもそも受講資格を得ずに異動してしまうケースが多く見られました（『2014年監査白書』では，平均在職年数が，3年未満33.2％，3年以上5年未満41.5％，回答1,636社）。

　そこで受講資格は廃止されましたが，やはり講習内容を的確に理解するためには，最低でも1年ほどの実務経験（OJT期間を含む）を有していることが望ましいと思われます。実際，講習内容も実務経験を有している方を対象にカリキュラムが構成されています。

　また，内部監査部門に配属されたばかりで実務経験のない人に向けた講習会，特定の分野に特化した講習会，ケース・スタディ等も日本内部監査協会では実施しているので，それぞれのタイミングで受講することも可能です。

（武田）

Q11

海外子会社の内部監査を今年から始めることになりました。内部監査人の外国語教育はどのように行えばよいでしょうか。また，国によりマニュアルや監査証跡など解読できない書類があると思いますが，どのように対応すればよいでしょうか。

A

　海外子会社のある現地の言語の教育に関して，メジャーな言語であれば，その学習方法・習得方法は一定程度確立されており，そのメソッドに従えばよいでしょう。しかし現地言語がメジャーな言語でない場合，内部監査は英語を利用することが現実的でしょう。すなわち，日本語⇔英語⇔現地言語で対応することとなります。したがって，海外子会社を担当する内部監査人は，少なくとも英語を不自由なく使える必要があるでしょう。

　その上で英語に限らずメジャー言語を含むすべての外国語教育に関して，内部監査部門が単独で行う必要はないでしょう。重要な拠点であれば，本社の担当事業部門・管理部門からも人員を投入するはずなので，その場合，人事管理部門が一括して言語教育の責任を負うべきであると考えます。また，重要性が必ずしも高いわけではないのであれば，内部監査の実施のために，外国語教育のコストをかける必要性もそれほど高くないでしょう。

　それよりも，外国語であるため，マニュアルや監査証跡を解読できない等の問題が存在する場合，どのように監査を実施するかという2つ目の質問への対応方法が問題となります。

　この場合，海外子会社の担当事業部門・管理部門から資料を入手する，あるいは往査にあたっては担当事業部門・管理部門に応援を依頼するなどの方法が考えられますし，会計監査人の監査に同行するなり，監査役の監査に同行するなりして，共同で監査することも有効な方策と思われます。こうした共同監査にあたっては，綿密な打ち合わせを行う必要があることはいうまでもありません。

仮に海外子会社のリスクが高いのなら，担当事業部門・管理部門の管理業務を確認する必要があるので，担当事業部門・管理部門の管理手法を活用することを考えます。次いで，往査期間中だけでも現地の法律事務所・弁護士等と契約の上，彼らを補助使用人として利用することを考えてはいかがでしょうか。また，内部監査そのものをアウトソーシングすることも選択肢に入ってくるでしょう。現地の法制度，商慣習や文化に精通した，世界的な会計事務所のネットワーク・ファームや法律事務所を有効に活用し，フル・アウトソーシングやコ・ソーシングで内部監査を実施することが考えられます。

現地言語に由来する内部監査の困難性は，その言語を使う現地の人間が内部監査を実施すれば解消されます。ただし注意すべき点は，本社の内部監査部門がイニシアチブをとってプロジェクト管理を行わなければならない点です。海外子会社の監査がいつまでたっても本社で行えないということがないよう，経験を蓄積できるようにすることが重要です。

海外子会社の場合には，言葉や制度が異なるという点と物理的にも遠く，意思疎通が図りにくい点やコストがかかる点が監査の障害となります。海外子会社の重要性とリスク，内部監査部門が対応できることを勘案しながら，現実的で合理的な内部監査の実施方法を検討する必要があります。

(武田)

Q12
IT系の部署の内部監査にあたり，その部門の担当者と同等の知識をもつことはできないと思います。とはいえ，表面的な監査にならないようにすることも重要だと考えます。そこで，このような前提のもとで，情報システムの監査はどのように進めればよいでしょうか。また，情報システム監査を行う場合の知識を効率的に習得する方法があれば，教えてください。

A

ITの全体について深い知識をもつことは，そもそも困難なことです。ITのスペシャリストでも，得意領域とそうでない領域があります。

内部監査人としては，「広く・浅く」といった知識習得が効果的かもしれません。内部監査人は，プログラムに誤りがないかどうかを検証したり，ネットワーク負荷の評価をすることはないからです。むしろ，プログラムのテストが適切に実施されているかどうか，ネットワーク負荷が適切に監視されているかどうかを評価・検証することがその任務です。

また，ITの外部委託管理の監査や個人情報保護対策の監査などでは，ITの技術的な知識よりも，経営や法律などの知識がものをいいます。日本内部監査協会が用意している情報システム監査に関する講習会等を利用され，監査上の勘所を習得されることをお勧めします。

1. 情報システム監査の切り口

情報システム監査は，監査目的から，「安全対策目的の監査」と「戦略支援目的の監査」に分けることができます。また，監査手法に着目しますと，「管理型の監査手法」と「技術型の監査手法」があります。一般的に，安全対策目的の監査は技術型の監査手法と親和性が高く，戦略支援目的の監査は管理型の監査手法との親和性が高いといえますが，安全対策目的の監査でも管理型の監査手法として行うことはできます。

❶ 安全対策目的の監査

　安全対策目的の監査は，情報システムが停止したり，情報が漏えい・不正利用されるリスクに着目した，いわゆる情報セキュリティ対策の監査です。監査テーマが明確になるというメリットがある一方で，絶対的な保証ができないにもかかわらずそれが期待されるというデメリットがあります。個人情報の漏えい事故は後を絶たず，また昨今，サイバーセキュリティへの対応が大きな関心を集めていますので，最高経営者のニーズに合致した監査となるでしょう。

　最近では，情報システムへの侵入やウイルス感染を完全に防ぐことはできないという前提で，侵入・感染直後の対応や，その後の復旧対策および外部への情報発信のあり方等の対策が整備されているかどうかの監査にシフトすることの重要性が指摘されるようになってきています。

　また，情報セキュリティ対策には，そのプロセスを通じて，情報資産の棚卸しができる，社内における情報共有が進む，業務プロセスの見直しができる，取引先や顧客からの評価が高まるといった，副次的な効果も期待できます。そこで，情報セキュリティ対策の技術面だけに目を奪われるのではなく，業務監査と関連づけて監査を行うことも大切です。

❷ 戦略支援目的の監査

　戦略支援目的の監査は，情報システムの有効性，効率性，投資効果等の監査をいいます。情報システムそれ自体を対象とした監査としてよりも，むしろ業務監査と一体型で行うことが効果的です。情報システム自体の有効性や効率性がいかに高まっても，業務の有効性と効率性の向上に結びつかなければ意味がないからです。

　このタイプの監査は，コスト削減に直結するイメージがあることから，最高経営者からは期待されますが，監査判断のための明確な物差しがないため，監査結果の客観性が確保できないデメリットがあります。

❸ 管理型の監査手法と技術型の監査手法

　情報システムの監査といいますと，技術型の監査手法についての知識を

もっていないとできないと思われがちです。しかし，そのようなことはありません。むしろ，多くの場合，管理型の監査手法の方が効果的ともいえます。技術的なテストはシステム部門等の専門家が行っているからです。情報システムの脆弱性を探るために，外部からアタックを試みるペネトレーション・テスト（侵入テスト）という方法がありますが，これを内部監査人が実施する必要はありません。当該テストが目的に照らして適切に実施されているかどうかを確認すればよいのです。

それゆえ，安全対策目的の監査であっても，情報セキュリティに関わる組織体制に重大な不備がないかどうか，リスクの種類と大きさに見合った適切なコントロールが整備・運用されているかどうか，PDCAのサイクルに従った管理が行われているかどうか，さらにはセキュリティ教育が実施され効果を上げているかどうかの確認といった，管理型の監査手法でも十分な監査効果を上げることができます。

また，個人情報保護対策，ITの外部委託管理，ITに係る事業継続管理などの監査では，安全対策目的の監査と戦略支援目的の監査との混合型とならざるを得ません。その上，もともと組織体の管理体制や管理状況を対象とした監査となりますので，管理型の監査手法で監査を行うことになります。

なお，どうしても技術型の監査手法が必要な場合には，目的と領域を限定して，外部の専門家に委託して行うという方法もあります。

2. ITガバナンスへの着目

ITが経営や業務に浸透する中で，ITリスクは技術のリスクにとどまらず，経営リスクともなってきています。情報セキュリティ対策の不備が組織体に多大な損害を与え，最悪の場合，事業の破綻にまで派生するといったことも起こり得ます。また，内部監査では，ガバナンス・プロセスも監査対象範囲とされていることもあり，ITガバナンスへの対応が求められるようになってきています。

「実務指針」では，ITガバナンスをもって「組織体の目的達成のための

経営戦略の遂行をITが効果的・効率的に支援するために，IT投資を含むIT戦略を意思決定し，IT管理態勢の構築を指導し，監督する，最高経営者および取締役会等が担うプロセス」と定義しています。ITガバナンスの妥当性そのものよりも，その失敗がどのような経営リスクに直結するかという視点から，①IT戦略は，中長期的な経営ビジョンや事業計画の内容として，またはそれと一体的なものとして明確に定められているか，②IT戦略は，取締役会等で十分に議論されて決定されているか，③IT戦略は，わかりやすく社内に明示され周知が図られているか，④IT戦略は，情報システム部門やユーザ部門の業務計画に落とし込まれているか，⑤IT戦略は，達成状況が確認され，必要に応じて見直されているかといったことが，監査上のポイントとして示されています。

3. 技能習得の効果的な方法

情報システム監査に関する資格には，国際資格であるCISA（公認情報システム監査人）試験，国家試験であるシステム監査技術者試験があります。情報処理技術者試験は，ITに関する初歩的な技能を有しているかどうかを確かめるITパスポート試験から，ITの専門領域ごとに高度な技能を有しているかどうかを確かめるための様々な試験区分がありますので，このような試験を目指して学習することがITに関する技能の習得には効果的で効率的かもしれません。

また，日本内部監査協会では，情報システム監査専門内部監査士認定講習会を用意しています。それを利用すれば，情報システム監査の実施手順からはじまり，個人情報保護対策の監査，情報セキュリティ管理の監査，情報システムの戦略性・有効性・効率性の監査，情報システム事業継続管理の監査，情報システム外部委託管理の監査等々，幅広くかつ体系的に情報システム監査のポイントを習得することができます。

（堀江）

> **Q13** 内部監査部門の人数が極めて少数（例えば3人以下）である場合に，内部監査人（特に部門長）のCDP（Career Development Program）をどういう視点で作成し，社内で承認を得ればよいでしょうか。また，それを実際の人材育成に繋げるにはどうすればよいでしょうか。実際例を交えて紹介してください。

A

内部監査人が3人以下の組織が6割という日本内部監査協会の調査結果があります。その環境下で内部監査を有効的・効果的に実施するため，①人数が少ないゆえの人材育成，②部門長CDPを説明します。

1. 人数が少ないゆえの人材育成

新入部員に対してはなるべく短時間で実践配置できる研修が望まれ，また在籍部員にはさらに専門性が高まる継続研修が求められます。

❶ 新入部員研修

▷社内研修（小規模な組織では内部監査部門長本人が率先垂範）

社内研修は，社内でしかできない（極秘事項や社内特有の事柄）項目になるべく限定します。部内では講師や研修準備の余裕がないためです。

- 自社の内部監査体制（内部監査規程，内部監査マニュアル，監査フローなど）を新入部員にレクチャーする。
- 社内規程研修（購買倫理規程や個人情報保護規程や懲罰規程など監査で活用できる社内規程）を新部員に習得させる。

▷外部研修

外部研修で賄える研修（IPPFやCOSOや3つのディフェンス・ラインなど）はできるだけ外部を活用します。

- 日本内部監査協会研修（内部監査基礎講座など）
- 監査法人主催セミナー（大手監査法人のHP案内を参照）
- 放送大学（現代の内部監査）

❷ 2年目以降の内部監査人の研修（継続研修）

▷ OJT 研修

　監査報告書を書かせてレビューし，添削し，指導します。その際，Face to Face のコミュニケーションも心がけます。

▷ 部員集合研修

　最近制定（改定）された監査に活用する法律などは，受講費を考慮し，個人別でなく，外部や社内から講師を招聘して部会として全員で受講します。

▷ 資格取得制度とインセンティブ

　専門資格をもつ内部監査人の存在は，内部監査の効率性・品質を高めるだけでなく，被監査部署や経営者からの信頼感も高まります。

- 公認内部監査人（CIA）：日本内部監査協会 HP をご参照ください
- 内部監査士：同上

▷ 大会・カンファレンス

　内部監査においても情報は外部から入手しておくことも非常に大切です。

- 内部監査推進全国大会（日本内部監査協会主催）：毎年東京で開催

2. 内部監査部門長のCDP

　最後に内部監査部門長としての研修方法を紹介していきたいと思います。少人数の内部監査部門ではプレイングマネージャーが多いと思いますので，CDP においても，監査手法のようなハウツー研修に加え監査に関するマネージャー教育が求められます。しかもインプットよりもアウトプットが必須です。まず社内研修プログラムですが，内部監査部門長として全社の主要状況を認識する必要があるので，就任時プログラムとして，取締役会や監査役会メンバー，本部長クラス，およびコーポレート部門（法務部，経理部）からのレクチャーをプログラムに組み込み，そのプログラムは社長からの承認を受けておき研修実効性を担保しておきます。

　また，監査環境・状況が変化する中，社外ネットワーク面から，必要な情報収集やネットワークの構築が求められています。

(芹沢)

Q14
内部監査部門が3人以下といった少人数である場合，内部監査業務実施上どのような点に注意しなければならないでしょうか。また，人数不足を補うため，他部門から一時的に適任者を推薦してもらい，内部監査業務を担当してもらっています。こうした場合に，特に注意しておくべき点があれば，教えてください。

A

　内部監査人の員数が多ければ，それなりの体制も組めますし，内部監査人の独立性や客観性に対する脅威も少なくなり，場合によっては専門性を高めることもできます。

　しかし，員数が極めて限られた内部監査部門であっても，被監査部署による自己点検・評価を利用したり，第2のディフェンス・ラインとの協働等によって，一定の監査品質を確保しつつ効果的な監査を実施することも可能です。

　なお，他部門からの支援を求める場合には，内部監査人の独立性が侵害されないような措置が必要となります。

1. 少人数体制での内部監査の実態

　日本内部監査協会の『2014年監査白書』によれば，内部監査部門の員数が3名以内という組織体は55％にものぼります。この比率は，2003年以降大きな変動はありませんが，年を追うごとに徐々に低くなってきており，員数の増加傾向を確認することができます。

　とはいえ，小規模な内部監査部門であっても，大規模な内部監査部門に負けないだけの実効性ある内部監査を行っている組織体もあります。たった1人の内部監査人でも，八面六臂の活躍をされているケースも見受けられます。大規模な内部監査部門に比べて，監査計画や手続きの適時かつ迅速な修正ができるなど，小規模な内部監査部門ならではの柔軟性が強みとなることがあるかもしれません。

組織体の総人員数と内部監査部門の員数との比率が話題となることがありますが,単純な比率だけで内部監査の効果はもとより,内部監査の充実度を測ることはできません。様々な工夫を凝らすことによって,員数の不足を補うことが肝要です。

2. 監査基準上の留意事項

「基準」においては,内部監査の実施にあたり,一時的に他部門から適任者を推薦してもらい,監査業務に携わってもらうことを明確に禁止する規定はありません。

とはいえ,単に員数不足を補うという目的ではなく,例えば営業部門におけるIT業務処理統制の評価を行う場合に,情報システム部門やITに精通した他部門の専門家に支援を仰ぐなど,内部監査部門における「専門性を補う目的」で支援を受けるのが筋でしょう。また,他部門からの支援を得る場合には,内部監査の独立性と客観性が損なわれないように留意する必要があります。

この場合に,「基準」上は,アシュアランス業務を提供するのか,あるいはアドバイザリー業務を提供するのかによって,異なった対応が求められます。アシュアランス業務を提供する場合には,他部門からの支援者が以前に責任を有していた業務についてはその監査への従事を避けるか,少なくとも当該業務から離れて1年以上経過している必要があります。

一方,アドバイザリー業務を提供する場合には,以前に責任を負っていた業務の監査が認められます。ただし,客観性が保持されないと認められる場合には,事前にその旨を依頼部門に対して明らかにする必要があります。

また,他部門からの支援を得る場合,内部監査部門長の適切な監督のもとで監査業務に従事してもらう必要があります。他部門からの支援を得るという状況は,本来的には,例外的な扱いになります。それゆえ,とりわけアシュアランス業務を提供する場合には,該当する業務のすべてをまか

せきりにするのではなく，あくまでも監査補助者として協力を仰ぐとか，内部監査部門員と共同で監査を行うといった配慮は必要でしょう。

3. 少人数体制での効果的な内部監査のあり方

少人数で内部監査を行う場合，いくつかの留意事項があります。

❶ 優先的監査対象の選定

第1は，あれもこれもと手を出そうとしないで，リスク評価の結果に基づいて，優先的な監査対象を選定することです。監査資源に限りがあるわけですから，リスクの高い領域を絞り込んで監査するようなアプローチが望ましいでしょう。リスク評価に際して，各部門の部門長から重要と思われるリスクをリストアップしてもらうということもあってよいでしょう。

❷ 被監査部署による自己点検・評価

第2は，被監査部署による自己点検・評価を行ってもらうことです。あらかじめ内部監査人が用意した点検・評価項目に従って，被監査部署による自己点検・評価を求め，それに基づいて重点的に監査すべき領域を絞り込んだり，自己点検・評価の結果を確認することで，監査資源の不足を補うことができます。とりわけ，テーマ監査（例えば個人情報保護対策の監査）を行う場合，被監査部署が複数部門にまたがりますので，重点的に監査対象とすべき部門を絞り込んだり，リスクの高い監査項目を炙り出す上で，自己点検・評価の結果に基づいて監査を実施することが効果的でしょう。

❸ 第2のディフェンス・ラインとの連携

第3は，コンプライアンス部門やリスク管理部門などのいわゆる第2のディフェンス・ラインとの連携を図ることです。監査資源の不足を補うという点では，第2のディフェンス・ラインから，重点的な監査領域を決定するための情報を入手することも効果的でしょう。また，第2のディフェンス・ラインが現業部門（第1のディフェンス・ライン）の評価を担っているような場合には，当該評価が適切かどうかを確かめたり，あるいは当

該評価の結果を受けてさらに深堀りをして，内部監査部門としての改善提言を作成するといった方法も考えられます。

❹ IT の活用

　第4は，内部監査用ソフトをはじめとした IT の利活用によって，監査資源の不足を補うことです。IT を対象とした監査となりますと，内部監査人には IT に関するある程度の専門知識が必要となりますが，監査業務の支援としてソフトウェアを利用するわけですから，基本的には，その操作方法を習得するだけでよいことになります。監査計画の策定や監査調書の作成支援などの機能が利用できれば，監査業務の効率は格段に向上するでしょう。また，被監査部署における自己点検・評価のためのツールを導入してもらえれば，内部監査人の負担は相当軽くなりますし，より高度な分析も可能になります。このような専用ソフトウェアの利用は，監査資源の不足を補ってくれる有用なツールとなりますが，導入コストの問題がある場合には，表計算ソフトの機能をうまく利用することで，さまざまなデータ分析をはじめ，監査業務の管理などにも活用することができますので，それだけでも内部監査資源の不足をかなりの程度補うことができると思います。

　　　　　　　　　　　　　　　　　　　　　　　　　　　　（堀江）

第 4 章

内部監査部門の運営

Q15

当社の内部監査部門は全6名の構成ですが、各人はそれぞれ、営業経験が長かったり、また財務経理部門が長かったりと、内部監査に際しても得意分野が異なります。この状況の下で、部門全体のレベルや個々のスキルアップを目指して内部監査の担当分野についてのローテーションを行うべきでしょうか、それとも監査品質の低下と監査リスクの回避を目的として個々の得意分野を固定すべきでしょうか。

A

「基準」3.1.2では、内部監査部門長は部門全体として、内部監査の役割を果たすに十分な知識、技能およびその他の能力を有するよう適切な措置を講じなければならないとし、部門として内部監査の能力を確保することを求めています。一方で「基準」6.0.1は、内部監査の対象範囲を、原則として組織体およびその集団に係るガバナンス・プロセス、リスク・マネジメントおよびコントロールに関連するすべての経営諸活動としなければならないとしていることから、内部監査部門は組織体集団のほぼすべての領域の監査を行うことになります。内部監査部門長はこうした広範囲の監査領域について、部門全体としての監査能力を維持・向上させる責任を負っています。

内部監査人の配置は、このようなことを踏まえて行われることになりますが、特定の内部監査人を特定の分野の監査業務に固定してしまうことはできる限り避けるべきです。これは、長期間同じ分野の監査を続けることにより、当該分野の業務担当者と内部監査人との間に人的関係が醸成され、またはこれが深まり、このことが内部監査人の客観性の維持にマイナスの影響を及ぼす可能性があるためです。以下では、内部監査人の人員配置の考え方について説明します。

1. 人員配置と部門全体としての監査能力の維持

内部監査人に監査対象の分野に関する業務経験があれば、業務上のリスクや問題点を把握しやすいという利点があり、監査の効率性にも貢献する

と考えられがちで，実際にも，以前に当人の業務経験のある分野に内部監査人を配置している例が多いのではないかと思われます。

しかしながら，内部監査部門の構成員が少数の場合，常に以前の業務経験を重視した配置を行っていると，他の内部監査人がその分野の監査経験を積む機会に恵まれず，人材の育成が遅れ，また当該業務に精通した経験者が人事異動等によって欠けた場合，当該分野について前任者と同等以上の能力を有する内部監査人を早急に確保することが困難な状況も考えられ，結果として内部監査部門全体としての監査能力を維持することができなくなる可能性があります。

もちろん，あらかじめ想定できる人事異動等については，それを考慮した上で，中長期内部監査計画における人員計画として，どのような能力を有する人材を優先的に確保していくかを盛り込んでおくのですが，それによって常に必要な人材が確実に確保されるとは限りません。また，特定の分野の業務経験が長く，その業務に関する知識が豊富な人であっても，経験による思い込みや物事の見方・考え方に偏りがある場合があり，新たな視点を入れることによってそれまで見過ごされていた問題点が明らかになることもあります。このように，内部監査人の配置を特定の分野に固定してしまうことはいくつかの問題を引き起こしますので，その配置にあたっては，長期にわたって固定しない方法を採用すべきです。

ただし，その場合であっても，各内部監査人が組織体内のすべての監査対象分野に精通している必要はありません。例えば国外の組織体やITなど，特別な能力を要する分野について内部監査部門員による監査に限界があるときは，当該監査を外部に委託することも検討すべきです。内部監査の人材育成には時間やコストを要するため，それとのかね合いを考慮するのです。しかし，たとえ外部に委託したとしても，内部監査部門長は委託した監査業務について責任を負わなければなりません。

2. 内部監査の独立性・客観性の確保と内部監査人の担当分野

　内部監査人の監査担当分野を考えるにあたっては，そもそも，内部監査人が以前に業務を行った経験のある分野について，同一の内部監査人が監査を行うことが妥当であるかどうかを考える必要があります。「自己証明は証明にあらず」との考えに従って自己監査を回避するとすれば，内部監査人が過去に責任を負っていた業務に対しては監査を行うべきではないということになります。

　「基準」2.1.4 では，内部監査人は以前に責任を負った業務について，特別のやむを得ない事情がある場合を除き，少なくとも1年間は当該業務に対するアシュアランス業務を行ってはならないと規定しています。「基準」の文言では「少なくとも」とされていますから，これを厳密に捉えれば，「可能であれば永久に」と解釈するのが自然です。1年間とされているのは，組織体内においては人事異動があることが通常で，内部監査部門に配属される以前に複数の部門における業務経験を有している場合も多く，その場合に責任を負っていた業務についてのアシュアランス業務ができないということになると内部監査の遂行に支障をきたす恐れがあるという現実の事情があるためです。その点を考慮し，また，会計期間や年度予算の考えに合わせて責任も1年でとりあえずの区切りをつけるということにしたようです。

　内部監査の独立性と客観性を確保する観点から，原則論としてはあくまでも，以前に責任を負った業務についてアシュアランス業務は行ってはならないということですから，人員配置もできる限り，こうした考えに則って行うことが望ましいといえます。

　これはすなわち，内部監査人が，得意分野でない分野の監査を適切に遂行することができるよう内部監査人自身としても，そのために要求される知識，技能その他の能力の研鑽を図る必要があることを意味します。また，内部監査部門長にもそうした内部監査人による専門的能力の維持・向上に向けた取り組みを支援し，部門全体としての能力を適切に確保することが求められることになります。

（森田）

コラム3 「専門職的実施の国際フレームワーク」
(International Professional Practice Framework: IPPF)®

IPPFは，IIAが公表している正式なガイダンスを体系化した「考え方（概念）のフレームワーク」です。IIAは国際的なガイダンスの設定機関であり，世界中の内部監査の専門職に対し，IPPFに組み込んだ正式なガイダンスを提供しています。

(1)「内部監査の使命」(Mission of Internal Audit)

内部監査の主な目的と包括的な目標を示しています。「必須のガイダンス」と「推奨されるガイダンス」から成るIPPF全体で，「内部監査の使命」の達成を支援します。

(2)「必須のガイダンス」(Mandatory Guidance)

「内部監査の専門職的実施の基本原則」「内部監査の定義」「倫理綱要」「内部監査の専門職的実施の国際基準（「基準」）」から構成されます。

「必須のガイダンス」の諸原則類に適合することは，内部監査の専門職的実施に必要不可欠です。「必須のガイダンス」は，関係者意見を反映すべく公開草案の手続きを経て設定されています。

(3)「推奨されるガイダンス」(Recommended Guidance)

IIAの正式な承認プロセスを通じて設定されており，「内部監査の専門職的実施の基本原則」「内部監査の定義」「倫理綱要」「内部監査の専門職的実施の国際基準」を効果的に実施するための実務内容を示しています。

Q16
適切に内部監査部門を運営するには，経営者が内部監査部門に望んでいることや期待していること，すなわち経営者の本当のニーズを把握し，内部監査計画にもその意向を反映させることが必要だと思います。どのようにして把握し，監査計画に組み込めばよいのでしょうか。

A

内部監査は，組織体の経営目標の効果的な達成に役立つことを目的としています。このため，内部監査部門長は，組織体として対処すべき課題を意識し，内部監査がその目標の効果的な達成に役立つよう内部監査部門を適切に運営しなければなりません。そして，その結果としての内部監査人の意見およびその他の結論は，組織体の経営目標の効果的な達成に資するべく，最高経営者，取締役会およびその他の利害関係者のニーズに沿う形で表明される必要があります。

「基準」では，内部監査部門長は内部監査計画に基づいて実施された監査の目標，範囲およびその結果について，定期的に最高経営者および取締役会に報告しなければならないとされています（5.7.1）。これを受けて「実務指針」では，この報告は計画を承認した最高経営者および取締役会等に対し，原則として文書のかたちで少なくとも年1回行うこととされ，その内容には，計画と実際との比較や重要な指摘事項のほか，必要な場合には，最高経営者，取締役会およびその他の利害関係者のニーズを考慮した事項を含めなければならないとされているのです（5.7）。

最終的な意見や結論がそうした期待に応えられるものであるためには，内部監査の計画を策定する段階で，最高経営者等のニーズを把握することになります。以下では，監査計画の承認とリスク評価の観点からこの問題を考えます。

1. 監査計画の策定と承認

内部監査部門長が作成する内部監査計画には，中長期内部監査計画，年

度内部監査計画および個別内部監査計画の3種類があります。

中長期内部監査計画は，組織体の中長期計画を踏まえ，数年間にわたる内部監査活動の大綱を定めたものでなければなりません。内部監査部門長は，経営環境や経営方針・経営計画等の変化・変更等に応じて，この計画を見直し，必要に応じて修正する必要があります。この見直しにあたっては，そうした変化，変更等に伴う組織体のリスクの変化や，新たなリスクの発生可能性等を様々な視点から再評価して監査対象となる部門やテーマを選定するとともに，内部監査の方針や体制を改めることになります。中長期内部監査計画の主な内容としては，①監査方針，②監査重点項目，③監査資源確保のための施策，④内部監査部門員の教育および養成計画，⑤監査対象となる部門またはテーマ，⑥リスク評価結果などがあげられます。

また，年度内部監査計画は，年度全般にわたる監査方針，監査対象，実施時期等を定めた翌1年間の計画になりますから，組織体の経営計画や内部統制上の重要課題など，最高経営者，取締役会および経営管理者が特に関心をもっている経営上の課題をより具体的に反映させたものにします。その主な内容には，①監査方針または重点目標，②監査対象となる部門またはテーマ，③監査の実施時期および期間，④監査責任者および担当者，⑤監査費用の見積額，⑥リスク評価結果などがあります。組織体内外の環境変化等に伴い，組織体のリスクも変化しますので，内部監査部門長はそうした変化に応じて，年度内部監査計画も適宜修正する必要があります。

「基準」では，これらの計画につき，最高経営者および取締役会の承認を得ることを内部監査部門長に求めています（5.1.3および5.3.1）。また，年度内部監査計画について重大な変更が生じた場合には，その事由と変更後の計画について最高経営者と取締役会に報告し，承認を得なければならないとしています（5.3.2）。このように，内部監査計画は，最高経営者および取締役会による承認手続を通じて，常にそれらの意向に沿う内容のものであることが求められています。

これらの計画の策定および修正の大きなカギとなるものがリスク評価で

す。「基準」5.2.1では，内部監査部門長に対し，組織体の目標に適合するよう内部監査実施の優先順位を決定すべく，最低でも年次で行われるリスク評価の結果に基づいて内部監査計画を策定することを求めています。リスク評価は，中長期および年度の内部監査計画のみならず，個別の内部監査計画においても特に留意すべき事項の1つとされています。

中長期，年度，個別の内部監査計画において具体的な監査範囲を決定する際には，組織体にとって受容できないリスクまたは重要なリスクが存在すると合理的に考えられる分野・項目等は，すべて内部監査の対象としなければなりません。これらの領域を対象範囲に含めない場合には，内部監査人がそれらのリスクを見過ごすことになり，その結果として監査リスクが生じることになります。監査リスクとは，内部監査人が内部監査の対象となる領域における重要な不備を看過することによって誤った意見を形成する可能性をいいます。このことから，組織体に存在する可能性のある様々なリスクを漏れなく適切に評価することが重要となります。

2. リスクベース監査の実施

リスク評価のプロセスにおいては，最高経営者および取締役会からの意見を考慮しなければなりません。すなわち，内部監査部門としては，最高経営者および取締役会の視点に基づいたリスクベース監査をいかにして実施していくかが重要になります。そのためには，経営者層と内部監査部門長が同じ視点でリスクを捉え，リスク認識の共有を図ることが大切です。

「実務指針」5.2の2では，リスク評価のプロセスを，リスクの識別，リスクの分析およびリスクの評価の3つに区分しています。まずリスクの識別として，組織体の外部と内部の視点から，組織体の目標達成を阻害しうるリスクを洗い出し，次にリスクの分析として，識別したリスクの範囲と監査対象領域を関連づけ，これをもとにリスクの評価として，その発生可能性および組織体の目標達成に与えるマイナスの影響から固有リスクの程度を評価し，さらにこれを減じるために組織体が行う活動を考慮した上で

最終的な残存リスクを見積もります。残存リスクとは，固有リスクから統制強度を減じたものです。
　残存リスクは，最終的に組織体に存在すると考えられるリスクですから，最高経営者および取締役会にとっては最大の関心事の1つであるはずです。リスク評価に基づく監査計画について経営者層の承認を得るにあたり，このような残存リスクが組織体内のどの部門またはどの項目にいかなる程度で存在するか等について協議することにより，経営者層のニーズがどのようなところにあるのかを把握することはできるでしょう。
　さらに，そうした協議を通じて，内部監査部門の組織体内における位置づけや役割，従来の内部監査の問題点や今後の方向性などに関する経営者層の考えを把握し，それらを内部監査計画に反映させていくことにより，内部監査部門はより一層，経営目標の達成に貢献できる存在になりうると考えられます。

（森田）

Q17
内部監査の意義や役割について、社長から理解されていない状況にあります。社長の理解を得、内部監査部門の地位向上にもつながるようなよい方策はありますか。

A

　最高経営者とのコミュニケーションを十分に確保し、最高経営者が何を求めているかを進んで把握する努力が必要です。最高経営者からの指示待ちであったり、内部監査規程に定められているから監査を行うという姿勢ではいけません。内部監査によっていかなる効果が期待できるかを自らの言葉で説明し、最高経営者に監査テーマを具体的に提案できるようにすることが必要です。

　そのためには、内部監査人は、経営上のリスクに着目するとともに、顧客や株主にとっての意味など、外部目線をもつこと、さらにはガバナンスをサポートする監査の視点を取り入れるとよいでしょう。

1. 経営リスクへの着目と外部目線の導入

　業務の現場で発生するリスクが、別のリスクへと連鎖・派生し、最高経営者や取締役会が対処すべきリスクとなることがあります。顧客情報の漏えいを例にとってみますと、顧客情報への不正アクセスのリスクは業務の現場で生じます。そのためのアクセス管理は、現場の担当者の責任のもとで行うべきものです。しかし、その管理が不徹底であったりすると、営業活動の混乱に留まらず、多くの顧客を喪失したり、組織体のブランド・イメージまで損なう経営リスクへと連鎖・派生することが起こり得ます。

　そこで、内部監査人は、現場での管理態勢の不備が経営にいかなるダメージを与える可能性があるかという視点でリスク評価を行う必要があります。リスクを近視眼的に捉えることなく、最高経営者や取締役会が対処すべきリスクは何か、あるいは組織体全体で対処すべきリスクは何かという鳥瞰的な視点をもつべきです。そのような視点でのリスク評価を心掛け

れば，最高経営者の理解も得やすくなるでしょう。

　また，内部監査では，もっぱら業務レベルで，何をどのように改善すればよいかという点に目が向きがちです。しかし，最高経営者は，組織体内での業務改善なり無駄の排除が，利益の増大や顧客サービスの向上にいかに結び付くか，株主にとっていかなるメリットをもたらすかといった見方をすることが多いと思います。

　したがって，内部監査人は，組織体内の業務改善を最終目的とするのではなく，組織体内の業務改善が顧客の獲得や株主価値の向上に結び付いているかどうか，といった視点をもつことが重要となります。最高経営者は変化の激しい環境の中でリスクをとりつつ，企業価値を高めるべく経営を行っています。したがって，リスク評価においても，「顧客を喪失するリスク」という後ろ向きのつかまえ方ではなく，「顧客を増やせないリスク」という前向きのつかまえ方をすることが肝要です。

　10年も前に策定された監査チェックリストを微調整しながら使っているというのでは，経営に役立つ監査などできるはずもありません。自らが最高経営者であったならば内部監査に何を求めるかを意識して，監査に臨むことが最高経営者の理解を得，ひいては内部監査部門の地位向上にもつながってくるのではないでしょうか。

2. ガバナンスのサポート

　リスク・マネジメント，コントロールのみならず，ガバナンス・プロセスも内部監査の対象範囲に含まれることが，「基準」6.0.1に明記されています。また，内部監査の結果は，組織上直属する最高経営者のみならず，経営のモニタリング機能を担う取締役会および監査役会等にも報告しなければなりません。このように，内部監査は，ガバナンス・プロセスの一翼を担っています。

　内部監査は，ガバナンス体制について意見する立場にもなければ，経営意思決定の是非を判断する立場にもありません。内部監査の役割は，ガバ

ナンス・プロセスの整備・運用状況の有効性の評価（アシュアランス），およびガバナンス・プロセス改善のための提言（アドバイザリー）にあります。

具体的には，最高経営者および取締役会の意思決定に有用な情報が提供されているかどうか，取締役会等の決定事項が組織体内に周知徹底され適切に実施されているかどうかといった視点での監査が求められることになります。また，ガバナンスに関連する開示内容の適切性評価，さらには取締役会が行う自己評価の支援などもその範疇に含めてよいでしょう。

「基準」6.1.1 では，①組織体として対処すべき課題の把握と共有，②倫理観と価値観の高揚，③アカウンタビリティの確立，④リスクとコントロールに関する情報の，組織体内の適切な部署に対する有効な伝達，および⑤最高経営者，取締役会，監査役会等，外部監査人および内部監査人の間における情報の伝達という5つの視点を示し，内部監査部門に対して，そのような視点からするガバナンス・プロセスの改善に向けた評価を求めています。

「IIA基準」では，監査報告の取締役会への伝達に際して，内部監査部門長に対して取締役会との直接の意思疎通を求め（1111），また組織体にとって受容できない水準のリスクを経営管理者が受容した場合であって，最高経営者との話合いでもなお解決されない場合には，そのことを取締役会に伝達することまで求めており（2600），より一歩踏み込んだガバナンス・プロセスへの関与を求めているところです。

なお，「実務指針」では，ガバナンス・プロセスの監査においては，リスク・マネジメントおよびコントロールとの相互不可分の関係に留意すべきとしています。すなわち，ガバナンス・プロセスにおける最高経営者および取締役会等の組織体運営に対する姿勢は，リスク・マネジメントやコントロールに影響を与え，他方で，リスク・マネジメントやコントロールが有効でないと，ガバナンス・プロセスにおいて意思決定を行うための適切かつ十分な情報の入手が困難となるからです。そこで，内部監査人は，ガ

バナンス・プロセスの評価結果をリスク・マネジメントおよびコントロールの監査に関連づける必要があるとともに、リスク・マネジメントやコントロールの評価結果をガバナンス・プロセスの監査に活かす必要があります。

3. その他の方策

　第1は、監査報告の改善です。いかに高品質な内部監査が実施されても、その最終成果物を読んでもらえないのでは意味がありません。監査意見は、総合所見と個別所見に分け、総合所見は最高経営者等が監査の結果を一目で把握・理解できるように簡潔に記述すべきです。また、個別所見は、①現状、②指摘事項、③原因（根拠）、④改善提言の区別が明確になるように記載するなど、読み手に配慮した記述が求められます。改善提言は、根本的な改善につながるような深みのあるものでなければなりません。図表（場合によっては写真）の活用や、グラデーションを使った重要度のビジュアル化など、監査報告書読者の理解が進むような工夫も必要でしょう。

　第2は、内部監査部門の地位向上につながるかどうかは別としても、内部監査部門員が子会社等の監査役等を兼任することで、目の届きにくい子会社等の監査を強化するとともに、企業グループとしての価値向上を目指した監査が期待できます。

　最後に、内部監査の意義や役割について最高経営者の理解を得るためには、経営環境の変化に敏感であること、なぜ監査が必要で、どのような効果が期待できるかを自らの言葉で説明できること、そして常に前向きの姿勢で監査業務に臨むことに尽きるでしょう。

〔堀江〕

Q18
内部監査は,「対応に時間をかけた上で,結果として不備を指摘される」ものなので,被監査部署からは敬遠されがちです。

そのため,内部監査では,アシュアランス業務だけでなく,コンサルティング業務の提供も重要だと考えています。問題の発生を未然に防ぎ,被監査部署をよりよくしてゆくためのコンサルティングであるというスタンスで臨むべきか,あるいは被監査部署から敬遠されようともアシュアランス業務に徹底すべきか迷っています。

そこで,内部監査の進め方として,アシュアランス業務を提供する場合と,コンサルティング業務を提供する場合の留意事項について教えてください。また,両者を同時に提供することは可能でしょうか。

A

アシュアランス業務を提供するか,あるいはコンサルティング業務(「基準」ではアドバイザリー業務と呼んでいます)を提供するかは,基本的に,最高経営者が内部監査にいかなる役割を望むかによって決まります。ただし,被監査部署の業務の特性や内部統制の成熟度,あるいは内部監査部門が有する監査資源の制約による影響を受ける場合もあります。

同一部門に対する同一の監査テーマのもとで,2つの業務を同時に提供することは論理的に矛盾しますので避けるべきです。しかし,コンサルティング業務から入り,アシュアランス業務へと進むことが効果的な場合もあります。また,ある被監査部署にはアシュアランス業務を提供し,ある被監査部署にはコンサルティング業務を提供するということもあり得ます。

1. アシュアランス業務提供の留意事項

アシュアランス業務とは,独立的評価を提供する目的で,証拠を客観的

に検証する業務をいいます。内部監査部門でなければできない業務です。業務規程への準拠性監査，会計処理業務の適切性監査，情報セキュリティの監査などは，通例，アシュアランス業務として提供されます。当該業務は，アシュアランスの対象となる部門（監査対象となる業務部門），アシュアランスの結果利用者（通例，最高経営者または取締役会等），そしてアシュアランスの提供者（内部監査部門）という3者関係の存在が前提となります。

アシュアランス業務は，監査対象業務を，業務規程や公的なガイドライン等の「判断の物差し」に照らし合わせて，準拠性等を判断するプロセスを踏みます。内部監査人の主観的な判断を避けるためです。とはいえ，その判断にあたっては，形式的に規程等に準拠しているかどうかではなく，実質的な判断が求められます。

アシュアランス業務の提供に際しては，チェックリストを用意して，それに従って，1つひとつ確認してゆく実務も多く見られます。このようなチェックリストを用いれば，作業を分担でき，チェックもれを防ぐことができるなどのメリットがあります。しかし，チェック項目を順番に潰してゆくことに傾注しがちになります。相互に関連するチェック項目に目配りし，業務の実態や課題を立体的に把握する技量が必要です。また，違反事項等を発見した場合には，その根本原因にまでさかのぼって究明する姿勢が重要です。アシュアランス業務であっても，単にここに違反があるという指摘に留まることなく，その改善提言まで求められるからです。

アシュアランスの結果に基づく内部監査人の意見は，「XXX（監査対象）は，XXX（判断の尺度）に照らして評価・検証した結果，適切であると認められます（あるいは重要な問題点は見当たりませんでした）」，「XXX（監査対象）を，XXX（判断の尺度）に照らして評価・検証した結果，XXX（違反事項等）を除いて適切であると認められます（あるいは重要な問題点は見当たりませんでした）」といった形式になります。

評価の基準を示した上であれば，「適切（A）」，「概ね適切（B）」，「改善

すべき事項あり（C）」,「緊急是正が必要（D）」といった意見の表明も可能でしょう。

2. コンサルティング業務提供の留意事項

　コンサルティング業務とは，内部監査部門の強みやノウハウを生かして行われる助言およびそれに関連したサービスの提供をいいます。依頼者との合意の上，内部監査人が管理者としての職責を負うことなく，組織体の業務改善を目的に行われる業務です。各種助言の提供が中心となりますが，広い意味では，診断業務，業務推進支援活動，教育訓練なども含みます。アシュアランス業務とは異なり，内部監査人と業務依頼者（通例，業務部門）との2者関係が前提になります。

　コンサルティング業務には，2つのタイプがあります。1つ目は，被監査部署，リスク管理部門，監査委員会等に対するリスク評価の支援や助言，組織内で発生した不正についての原因調査や再発防止策の策定あるいはその助言，統制自己評価（CSA）の推進などです。これは，アシュアランス業務で使われるような判断尺度を利用しないで行われる業務です。

　2つ目は，社内規程等の判断尺度の利用等を伴うコンサルティング業務です。社内規程が陳腐化して実態に合致していないということも実際には起こり得ます。その場合，被監査部署からは，なかなか言い出しづらいものです。そこで，内部監査として，社内規程の改訂を最高経営者や経営管理者に進言したり助言したりします。

　また，コントロールが重複し非効率的になっているということもあり得るでしょう。内部統制報告制度に基づく評価，ISO認証の取得・維持に係る内部監査，第2のディフェンス・ラインによる評価などの機能が重なり，組織体内で，いわゆる「アシュアランス疲れ」が起こっている可能性もあります。そのような場合の調整や，重複を排除するための助言ということもあるでしょう。

　さらに，社内規程等に準拠して業務が実施されているというアシュアラ

ンスの結果を受けて，その上で業務の有効性と効率性のさらなる向上を目指すための助言を行うということもあり得ます。

3. 内部監査の目的と関連づけた業務提供

　アシュアランスとコンサルティングという2つの業務は，基本的には，明確に区別して提供されるべきものです。とはいえ，アシュアランス業務の過程で助言が行われることもあります。アシュアランスの結果として，指摘事項に対する改善のための提言や助言が行われることもあります。このように，両者の明確な切り分けが難しいのが現実かと思います。

　内部監査は組織体の目的達成のために，組織体内の内部監査人によって行われるものですから，内部監査部門と被監査部署とは対立関係にあるわけではありません。とはいえ，内部監査が，評価，検証といった行為を伴う以上，被監査部署から敬遠されがちとなるのも事実です。

　そのような感じ方を払拭するためにも，内部監査は，業務運営に価値を付加し，また改善するために行われるものであるというスタンスを被監査部署に見せ，十分な説明を尽くすべきです。これは，アシュアランス業務の提供であろうと，コンサルティング業務の提供であろうと変わるものではありません。

　2つの業務を対立する関係としてみて，「どちらをとるべきか」と考えるのではなく，最高経営者のニーズを基本としつつ，監査対象業務の特性や内部統制の成熟度，および内部監査部門員の技能・経験などを加味して，内部監査の目的を最も効果的に達成できるように実施すればよいと思います。ある監査対象業務に対して，コンサルティング業務から入り，アシュアランスの提供へと進むことがあってもよいですし，場合によっては，その逆もあり得ます。

（堀江）

Q19 当社は小規模な会社で被監査部署数も少ないため，監査対象はそれほど広くありません。そのため，毎年度，同様な監査項目への監査が繰り返され，マンネリに陥りがちです。何かよい対策はあるでしょうか。

A

1. 小規模会社の内部監査テーマの選定

技術革新の進展や複雑化する経済のもとでは，会社の置かれている環境は日々変化するものであり，環境の変化は事業に影響を及ぼすことになるでしょう。それは小規模な会社ほど，受ける影響のインパクトは大きいかもしれません。そうであるなら，小規模会社ほど環境変化にセンシティブでなければなりません。それは内部監査も同様です。環境変化とリスクの関係を意識して，監査テーマを選定することが必要でしょう。

特に経営陣が環境変化に適応した経営方針なり経営計画を策定したり，あるいはそれらを途中で変更することを考えたりした場合，社内の情報が適切に取締役会等へ報告されているか，決定した計画等が組織の末端までいきわたり，業務に反映されているかという情報伝達すなわちガバナンス・プロセスの主要部分の重要性はより一層高まります。この時，情報の内容がどのようなものになるかで，監査テーマに広がりが生まれます。どんな情報がどのようにつくられ，どの伝達経路を介して上位者に伝達されるのか。また指示・命令の伝達経路と指示・命令内容の解釈は適切に行われているか。特に小規模会社にあっては，内部監査のテーマ選定にあたり，これらの問題意識をもつことが重要になると思われます。

参考までに日本内部監査協会『2014年監査白書』（第51表，複数回答）によれば，内部監査のテーマ選定にあたって主に何から手がかりを得ているかについては，「経営の重点目標から」（100.0％），「過去の監査調書・監査報告書から」（82.7％），「リスク評価の結果から」（76.3％），「首脳部との接触によって」（70.5％）が高い割合を示しています。

2. 被監査部署の拡張

　子会社・関連会社以外に業務を委託している場合，業務委託先にまで監査対象を広げることも考慮すべきでしょう。

　すでに2007年2月に公表された企業会計審議会「財務報告に係る内部統制の評価及び監査に関する実施基準」（Ⅱ2(1)②イ）では，以下のように規定されています。

（前略）
　委託業務に関しては，委託者が責任を有しており，委託業務に係る内部統制についても評価の範囲に含まれる。委託業務が，企業の重要な業務プロセスの一部を構成している場合には，経営者は，当該業務を提供している外部の受託会社の業務に関し，その内部統制の有効性を評価しなければならない。

　また委託業務について，その内部統制を内部監査の対象とすることは，公益財団法人金融情報システムセンターが公表している「金融機関等のシステム監査指針」でも求められています。しかし，いまだ実施されていないのが現状のようです。

【子会社・関連会社以外の業務委託先に対する内部監査の実施の有無】

監査実施の有無	2014年	2010年
実施している	288社（17.4%）	293社（15.5%）
実施していない	1,369社（82.6%）	1,602社（64.5%）

出所：日本内部監査協会『2014年監査白書』〈第110表〉

　業務委託先に対する監査が実施されないのは，監査資源の制約とともに監査を実施するための根拠がないからと思われます。したがって業務委託を行う場合，自社のリスク・マネジメントの考え方を説明し，理解を求め，業務委託契約に内部監査条項を盛り込む必要があります。

（武田）

Q20

現在，毎年1回，全店を対象に店舗業務監査を実施しています。店舗数は増加してきていますが，それにあわせて内部監査人を増員することは困難です。

したがって，数年以内に店舗業務監査の頻度を変更せざるを得ないと考えています。その場合，①頻度を下げる（2～3年に1回にする），②1店舗当りの監査日程を短縮する（監査項目を削減して，毎年の全店監査は維持する）のどちらが望ましいでしょうか。

A

店舗業務監査の頻度を下げたり，1店舗あたりの監査日程を短縮するというのではなく，各店舗のリスクの大きさに基づいてメリハリをつけたり，各店舗に共通する監査テーマと個々の店舗ごとに求められる個別監査テーマをそれぞれ設定する，あるいは各店舗に自己点検・評価を行ってもらうなどの工夫をされてみたらいかがでしょうか。

1. リスクアプローチに基づく監査

「基準」5.2.1では，「内部監査部門長は，組織体の目標に適合するよう内部監査実施の優先順位を決定すべく，最低でも年次で行われるリスク評価の結果に基づいて内部監査計画を策定しなければならない」としています。

このような監査計画の立案方式をリスクアプローチといいます。単純化していえば，リスクが高い領域に重点的に監査資源を配分し，そうでない領域には相応の監査資源を配分することで，全体としてみたときに，重大なリスク対応の見落としが少なくなるという監査の有効性を確保しつつ，同時に監査業務の効率化が図れるというものです。

これをご質問のケースに当てはめてみますと，店舗ごとのリスクを評価し，リスクが大きい店舗は往査の頻度を上げたり，より多くの監査時間を割り当て，その一方で，リスクが小さい店舗に対しては往査の頻度を下げたり，少ない監査時間で済ますということになります。ただ，ここでいう

リスクは，監査の目的にも依存します。つまり，店舗ごとの不正対応のコントロールの有効性を確かめたい場合には，不正リスクの大きさに基づく必要があります。

2. 監査テーマの切り分けの工夫

各店舗に関する様々な種類のリスクを可能な限り網羅的に識別・分析すれば，店舗ごとに監査テーマを変えることもできます。また，不正やコンプライアンス違反，さらには業務効率など，経営管理上，全店舗で共通的に確認しておくべき監査テーマが見つかることもあります。

そこで，全店舗で共通に確認しておくべき監査テーマと，店舗ごとに確認すべき監査テーマの切り分けを行えば，そのいずれかの監査を実施することもできますし，両者を組み合わせて実施することもできます。

例えば，業務規程違反がないかどうかについての監査（アシュアランス業務）は，全店舗を対象として広く浅く行い，業務効率について特に改善が必要とされる店舗を抽出して重点的に改善のための監査（アドバイザリー業務）を行うということがあってもよいでしょう。

3. 自己点検・評価の導入による対応

店舗数が増えているにもかかわらず，監査資源がそれに追いつかない場合の対応として，店舗ごとに自己点検・評価を行ってもらい，その結果に基づいて，重点的に監査すべき店舗とそうでない店舗の切り分けを行うことができます。

特に問題がありそうな店舗や，点検・評価の結果に矛盾や疑いがある店舗を重点的に確かめることで，監査資源の不足を補うのです。

このように，工夫を凝らすことで，限りある監査資源の中でも効果的な監査を行うことは可能だと思います。

（堀江）

Q21 当社の内部監査部門は，部門長以下，部門員5名で構成されています。この人員構成で，当社だけでなく，国内外のグループ会社19社も監査対象にしています。近いうちに，グループ会社は，さらに増加する見込みです。結果として，内部監査人員の不足を感じています。このような状況下で，限られた監査時間やリソースを前提として，最優先されるべき監査対象やテーマとは何でしょうか。また，効率的な監査を行うための手順や方法等に関して留意すべきことは何でしょうか。

A

　内部監査部門がコストセンターであることに鑑みると，監査資源が十分に充当されることは今後も考えにくいでしょう。だからこそ，内部監査にもリスク・ベースの考え方（リスク・アプローチ）が導入され，定着してきました。一方，人員不足を補う方法としてITの活用が提案されています。したがって，この問題を考えるにあたっては，リスクの的確な把握の側面と，CAATの導入による監査資源の補足の側面から考えていきます。

1. リスク・アプローチによる監査テーマの選定

　内部監査の対象範囲は，原則として組織体およびその集団に係るガバナンス・プロセス，リスク・マネジメントおよびコントロールに関連するすべての経営諸活動です。この実際に監査を実施しなければならない可能性のある領域を，監査対象領域（Audit Universe）と呼ぶこともあります。

　内部監査部門長は，内部監査計画の策定（監査テーマの選定）のために，監査対象領域について自らの責任においてリスク評価を行わなければなりません。たとえ他部門のリスク評価の結果を参考にした場合であっても，内部監査部門長は当該業務に責任を負わなければなりません。何を内部監査計画に含めるか，何を監査テーマとするかにかかわらず，組織体のすべての経営諸活動を対象にリスク評価を行うことで，内部監査業務は網羅性

と効率性のバランスの上に立つ高い有効性を発揮します。

　一般に，リスクの大きさは，発生確率と発生時の影響度の組み合わせとして評価されます。注意しなければならないことは，内部監査はリスク対応後の「残余リスク」を判断する必要があるという点です。例えば，リスク・マネジメントによりリスク評価・リスク対応がなされた後，当該リスクに対するコントロール手段が実施されていないまたは想定したほどの効果を上げていないという問題点が発見された場合，内部監査は単に実施されていないまたは想定したほど効果を上げていないから不適切と判断するのではなく，未実施または有効性の乏しい状況（現状のリスク）と有効ならしめる実施に係るコスト（金額，時間，作業量等）を比較検討した上で，「残余リスク」を判断しなければなりません。この残余リスクが受容範囲を超えているものについて，そのリスクの高い監査対象から，監査テーマに選定し，監査計画に落とし込む必要があります。一方で，受容範囲内にあるリスクが，受容範囲から逸脱しないようにするリスク・マネジメントとコントロール手段も内部監査の対象になります。

【残余リスクと内部監査の関係のイメージ図】

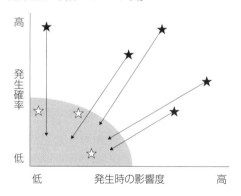

★を左下のグレーゾーン（リスクの受容範囲）に収めるようにリスク・マネジメントとコントロール手段が機能していることを内部監査が保証する。
☆が受容範囲から逸脱しないようにリスク・マネジメントとコントロール手段が機能していることを内部監査が保証する。

また，内部監査部門長は，監査対象領域の決定過程で，最高経営者および取締役会との意見交換を通して，最高経営者および取締役会の，組織体の目標達成に関する現状認識および内部監査業務への意見や要望を考慮しなければなりません。経営陣の懸念事項を把握し，後顧の憂いない経営を推進させるためにもこの点を留意しておきましょう。しかしあまりにも経営陣の意向に沿いすぎると，経営者不正を見逃すことにもなりかねないので，適宜適切なバランス感覚が求められます。

2. ITの活用

　ITの目覚ましい進化は，監査の世界にもパラダイム・シフトをもたらすでしょう。CAATは，すでに多くの国々で内部監査人共通の普遍的な監査手続になりつつあります。

　監査は，リスクの発生確率やそれが発生した場合の影響度が大きいところを監査対象として選択したり，会社全体や業務において重要性の高い項目を監査テーマに選定したりして，原則，サンプリングで実施されています。このことは，逆にいうと，内部監査人が，リスクが低く重要性が乏しいと判断した対象や項目は監査の対象にならないので，そこに起因する問題は解決されないことになります。また，リスクが高く重要と判断されたテーマであっても，対象を選定するサンプリングからもれた場合にも同じことがいえるでしょう。そもそもリスクの高低や重要性の判断は，内部監査部門全体として，知識や経験の蓄積に基づく主観によるところが大きかったわけです。内部監査部門の人員が豊富で，内部監査人の能力やバックグラウンドによって培われてきた知識が部門全体として多様であれば，リスク評価や重要性の判断はある程度担保されるかもしれませんが，監査対象領域が監査資源でカバーしにくくなると，リスクの重要性の判断はおろか，適切なサンプリングさえも行えなくなるかもしれません。

　そこでこれらの点を補うために，CAATの導入を検討していくことを考えていきましょう。CAATの導入によって，母集団の中からサンプリング

によって監査対象を選定するのではなく，母集団を対象に完全性テスト（網羅性テスト）を実施し，その結果，抽出された異常値・異常項目に対して監査を実施することが可能になります。したがってサンプリング・リスクの問題は解消されます。また，異常値・異常項目からリスクの洗い直しが可能になり，従来見逃してきたリスクを新たに発見することにもつながります（詳細はQ42参照）。　　　　　　　　　　　　　　　　　　　（武田）

コラム4

内部監査基準

日本内部監査協会は，1960（昭和35）年にわが国における内部監査の普及・定着を目指して，「内部監査基準」を公表しました。

さらに，業務監査の台頭に対応するために，1963（昭和38）年に「内部監査基準」の下部指針としての「業務監査指針」を作成しました。

その後，「内部監査基準」は数次にわたり全面的な見直しが行われてきました。また，「内部監査基準」の見直し後には，下部指針である「実践要綱」の見直しも行ってきました。2014年の改訂後からは，「内部監査基準」の各規定に関する「実務指針」を順次公表するようになっています。

1977（昭和52）年	「内部監査基準－1977年改訂－」
1982（昭和57）年	「標準的な内部監査制度の実践要綱」
1996（平成 8）年	「内部監査基準－1996年改訂－」
1996（平成 8）年	「内部監査基準実践要綱」
2004（平成16）年	「内部監査基準－平成16年改訂－」
2006（平成18）年	「内部監査基準実践要綱－2006年改訂－」
2014（平成26）年	「内部監査基準－平成26年改訂－」

Q22
当社は従来「部門別監査」（事業リスクやオペレーションリスクにより優先順位付け）を実施してきましたが，今年度より全社のリスクをテーマごとに分類して評価し，重要性の高いテーマを取り上げて部門横断的に監査を行う「テーマ別監査」を導入することになりました。部門別監査をやめてしまうわけではありませんが，従来の2〜3年に1度から4〜6年に1度と頻度は落とす予定です。テーマ別監査を行う上で，気をつけなくてはいけない点や陥りやすい問題点等があれば教えてください。また，部門別監査の頻度を落とすことに関し，何か問題はあるでしょうか。

A

監査対象領域における具体的な監査範囲は，中長期および年度の内部監査計画において選定されることになります。この選定は，これらの計画策定における最重要検討事項といっても過言ではありません。「基準」5.2.1では，内部監査部門長は，組織体の目標に適合するよう，内部監査実施の優先順位を決定すべく，最低でも年次で行われるリスク評価の結果に基づいて内部監査計画を策定しなければならないと規定しています。

監査対象領域には，部門やテーマがありますが，こうした領域の中から監査範囲を選定するのは，特命監査の場合を除き，基本的には内部監査部門長です。具体的な監査範囲を選定する際に重要なことはリスク評価であり，部門とテーマのどちらを重視すべきかを一概にいうことはできません。以下では，監査範囲の選定の考え方をリスク評価の観点から説明します。

1. 部門別監査とテーマ別監査

部門別監査とは，部課，事業部，営業所，支店，工場，研究所，国内外の子会社等における管理運営状況や業務全般を対象として実施する監査をいいます。また，テーマ別監査とは，重点的に検証するテーマをあらかじ

め選定し，それらについて，関係する複数の部門を横断して実施する監査をいいます。

部門別監査では，多くの場合，各部門にとっての重要事項の達成状況や整備・運用状況の検証に重点が置かれますが，テーマ別監査では，例えばコンプライアンスや情報管理といった，個別の部門からすると最も重要ではないけれども組織体全体からすると重要と考えられる各部門に共通のテーマに着目し，組織体全体について横断的な検証作業が行われます。この関係から，テーマ別監査は，部門別監査の手薄な部分を補う形のものといえます。裏を返せば，各部門に共通するテーマを扱うテーマ別監査では，各部門に固有の事象については取り上げられないことになります。

部門別監査を行うか，テーマ別監査を行うかの決定にあたっては，こうしたそれぞれの監査の特徴を踏まえ，監査の網羅性等も十分に考慮する必要があります。適切なリスク評価によることなく，部門内に，監査の頻度が低い領域をつくってしまうと，この領域が，新たなリスクをもたらすことになりかねません。

2. 監査範囲の選定とリスク評価

内部監査部門長は，内部監査計画の策定において具体的な監査範囲を決定します。その際，組織体にとって受容できないリスクまたは重要なリスクが存在する可能性があると合理的に推測される組織や業務プロセス等はすべて内部監査の範囲に含めなければなりません。何を内部監査の範囲に含めるかの検討にあたっては，組織体のすべての経営諸活動を対象としたリスク評価を実施することが重要です。これによって，網羅性，効率性および有効性を兼ね備えた内部監査の実施が可能となります。

「基準」5.2.1では，リスク評価のプロセスにおいて最高経営者および取締役会からの意見を考慮することを求めています。経営者層は様々なビジネス・リスクを考慮しながら経営の方向性を決めていますから，経営者層

が着目する監査対象領域は，多くの場合，それが部門であってもテーマであっても他の監査対象領域よりリスクが高い領域であるとも考えられます。

　組織体にとって受容できないリスクおよび重要なリスクが存在する領域を内部監査の範囲に含めない場合には，内部監査人はそれらのリスクを発見できず，その結果として監査リスクが生じることになります。監査リスクとは，内部監査人が組織体における重要な不備（残存リスクが高い問題箇所）を見過ごすことにより，最終的に誤った意見を形成する可能性をいいます。したがって，内部監査の有効性を確保するためには，的確なリスク評価とその結果を適切に踏まえた監査範囲の決定が重要です。「基準」6.0.1では，監査範囲の決定にあたっては，監査リスクが合理的水準に抑制されていなければならないと定めています。これはすなわち，最終的な監査リスクが合理的な水準に収まるように，重要な不備が存在する可能性のある領域はすべて監査範囲に含め，残存リスクを減じなければならないことを求めているのです。

　リスク評価に基づいて監査の対象領域を決定し，その領域に対する監査計画を策定し，この計画に沿って監査を実施することにより，監査リスクを合理的に低い水準に抑えようとする手法をリスク・アプローチといいます。リスク・アプローチでは，リスクの高低に基づいて監査の程度が決められますから，リスクが高い領域には多くの監査資源（人員，時間，コスト）が投じられることになります。反対に，リスクがそれほど高くないと考えられる領域には，そのリスクに見合った資源を投入しなければなりません。監査資源は限られていますので，リスクがそれほど高くないにもかかわらず過剰な資源を投じていたのでは，リスクが高い重要な領域に投入する資源が不足してしまうことになります。つまりリスク・アプローチは，メリハリのある監査を実現することによって，監査の有効性と効率性の両立を志向する考え方に基づくものといえます。

　「基準」5.2.1では，少なくとも年1回のリスク評価の実施を定めていますが，組織体の外部および内部の環境は変化するため，監査を実施すべき

領域が監査範囲からもれることのないよう,リスク評価の見直しを行うことも重要です。

　このように,部門別監査とテーマ別監査はどちらかを優先させるというものではなく,部門としてのリスクが高いのか,テーマとしてのリスクが高いのか,その状況によって判断されるものです。部門であってもテーマであっても,リスクが高い領域を適切に監査範囲に含めない場合には高いリスクが残存したままの状態となり,最終的な監査リスクも高くなります。

(森田)

Q23 当社の内部監査部門員は6名で，被監査部署は17あります。被監査17部署に対し，リスクアプローチに基づき，経営に資する効果的な監査を行うための中・長期の監査計画の策定方法について教えてください。

A

　年度計画，個別監査計画（監査実施計画）と並んで，監査計画には中・長期監査計画があります。年度で監査対象単位のローテーションを考えても十分な監査対象領域なら，中長期の監査計画は必要ないかもしれません。しかし，監査対象領域が拡大し，多様化すれば，その必要性は高まります。

1. 中・長期監査計画の内容

　中・長期監査計画は，企業の中・長期の経営方針や経営者の意向に基づいて内部監査部門の中・長期的な戦略目標を決定し，その戦略目標を達成するための方針を設定します。

　企業の大規模化・多角化は監査対象領域の拡大・多様化をもたらし，従来にない専門知識や経験が求められる場合も想定されます。このような状況下で，企業の活動領域全般を監査し，また最高経営者や取締役会の要請に応えて経営に資するためには，比較的遠く（将来）を見通し，できるだけ幅広い範囲（監査対象領域）から監査対象単位を選定するとともに，その対象単位を監査しうる専門知識を備えた人材を確保し，育成する必要もあります。こうした観点から，具体的には次ページの表の内容を盛り込んだ中・長期監査計画を策定することが望ましいでしょう。

　なお，「基準」5.1.2では，「中・長期監査方針」として内部監査の基本的方向性，要員の充実計画，システム化計画，予算および重要な技法を含めて立案することを提案しています。また，ここであげた項目は，例示列挙と解釈すべきであって，中・長期監査計画として勘案することが望ましい項目と理解すべきでしょう。

【中・長期監査計画の内容】

項目	内容・要点
①基本方針	企業の中・長期経営方針・計画に沿って，年度ごとに内部監査部門が果たすべき役割を大綱的に示します。
②監査対象単位	①に沿って，各監査対象単位間の優先順位を決定し，年度ごとに取り上げるべき監査対象単位を示します。
③監査要員計画	②で示した各監査対象単位の監査が可能となるように，長期的な視野から監査要員の獲得計画を立案します。
④監査要員育成計画	②で示した各監査対象単位の監査に必要な専門的知識や実務経験の養成を目的として，現在の監査要員および将来獲得するであろう人材についての研修計画等を策定します。
⑤アウトソーシング計画	外部の専門家に特定の業務をアウトソーシングすることも有効な監査のための1つの選択肢となります。要員計画にも，予算の獲得にも関係する上，アウトソーシングに関する管理体制を構築する必要もあるので，中・長期的視野をもって定めておくべきこととなります。
⑥プロジェクト計画	内部監査部門固有のプロジェクト，例えば外部評価の受審計画，IT化計画などを示します。
⑦費用計画	策定された上記の計画を実行に移すために必要な諸費用を予測計上します。

出所：松井隆幸『内部監査（五訂版）』同文舘出版，2011年，123頁を基に作成

2. 中・長期監査計画の策定上の要点

　中・長期監査計画が対象とする期間は企業の中・長期経営方針・計画の対象期間に合わせます。通常，3年から5年程度が一般的と思われます。また，企業の中・長期経営方針等がない場合であっても，前節で説明した理由により，内部監査部門としての中・長期計画は策定することが望ましいと思われます。

　また，経営に資する効果的な計画とするためには，最高経営者や取締役会の意見や要望を理解する必要があるといえるでしょう。経営陣の将来ビジョンを後顧の憂いなく達成させるための仕組みを内部監査部門が監査すなわち保証することが不可欠なのです。そのため内部監査部門にとって，経営環境の変化を敏感に感じ取り，リスクを的確に把握することが重要となってきます。特にリスク評価のプロセスでは，経営陣の懸念がどこにある

のかを意識しておくことを忘れてはなりません。ただし，中・長期の監査計画に限ったことではありませんが，経営陣からの指示だけに基づいた監査テーマやリスク評価方法の選定は，経営陣が選択した経営目標の達成方法に関するリスクを公正に評価できなくなる可能性が生まれます。すなわち，経営者追随となり，受容してはならないリスクまで業務執行部門に受容させようとすることにつながるからです。したがって，経営陣の意向は確認しますが，監査テーマの選定やリスク評価方法は内部監査部門がイニシアチブをとり，経営陣の承認を得るようにしなければなりません（「基準」5.1.3）。

また，上場会社の場合には，財務報告に係る内部統制の評価の一環として行われるリスク分析の結果を参考にすることが可能ですし，ERM（Enterprise Risk Management）を導入している企業にあっては，ERMの一環で実施される企業またはグループ全体のリスク分析の結果を利用するなどして，内部監査部門としてのリスクの把握に努めます。

把握したリスクに関しては，発生頻度や影響度とともに環境変化のスピードも考慮して優先度を決定し，監査対象や監査テーマに組み込んで，中・長期の監査計画を策定するのがよいでしょう。

一方で，経営に資することに重点を置きすぎると，いわゆるセカンド・ライン（管理部門，スタッフ機能部門）が将来実施すべき業務に介入（代替執行）するような監査テーマや監査対象単位を前提としたものになってしまいます。そのような中・長期監査計画が策定され，年度計画として実施されてしまうと，内部監査部門がセカンド・ライン化する恐れが生じます。

なお，中・長期監査計画は，中・長期の経営計画と整合性をもたせるため，経営計画が変更すれば当然見直しが必要となります。また，経営計画が変更されなくても，経営環境に変化が認められた場合には，リスク評価を見直し，かつ適宜，年度計画とともに中・長期監査計画を修正する必要があります（「基準」5.2.2）。

さらに監査計画を修正した場合には，経営陣の承認を得る必要があります（「基準」5.3.2）。　　　　　　　　　　　　　　　　　　　　　　（武田）

コラム5　公認内部監査人（CIA）

　IIAにおいて，内部監査の技術の向上および内部監査人の水準設定を目的として，1974年8月に，最初のCertified Internal Auditor（CIA）資格認定試験が行われました。

　いまでは，CIA資格認定試験は，内部監査人の能力の証明と向上を目的とした世界水準の認定制度として，世界約160の国と地域で，20の言語による試験が実施されています。

　日本でも，企業を取り巻く経営環境の激変の中，内部監査の重要性が認識されるようになり，内部監査人の能力の証明に対する要求が高まりました。こうした状況から，IIAの日本代表機関である日本内部監査協会では，1999年11月より日本語によるCIA資格認定試験を実施しています。2017年末までの累計認定者数は，全世界で149,000名です。

　認定試験は，コンピュータ・ベースで通年実施され，次の3つのPartで構成されます。

PartI：内部監査の基礎
PartII：内部監査の実務
PartIII：内部監査の関連知識

　この試験に合格し，実務経験等の要件を満たした方に対して，CIAの称号が授与されます。

　内部監査人の唯一国際的な資格であるCIAの称号は，業務に精通したプロフェッショナルとして経営者の信頼を得て，21世紀のグローバル社会を勝ち抜くための，最良の資格といえます。

Q24

当社では、年間の監査スケジュール（監査テーマ決め含む）を策定する際、各事業本部の本部長へのヒアリングや、各事業本部単位で半期ごとに開催されるキックオフ・ミーティングの資料（目標設定が記されている資料）等を参考に、全社および事業本部の目標達成に資する上で重要と思われるキーワードを抽出し、これをベースに監査テーマを選定しています。しかし、これらの監査テーマには、将来実施しようとしている新たな取り組みや施策に依拠するものも多いため、どうしてもリスクが漠然とする傾向が見受けられます。その結果、監査を実施すべく個別の監査テーマのリスクの所在を明確にする事前調査を実施したところ、事案によっては監査に踏み込むまでの明確なリスクを洗い出せず、事前調査で内部監査部門員の時間を浪費した後に監査テーマを変更するケースも発生しています。上述の監査テーマ選定過程について、もっと留意すべき点はどのようなところでしょうか。

A

　年度計画は、原則として、中・長期監査計画で示された諸計画を、年度予算を前提に具体化させたものです。中・長期監査計画で示された監査テーマを、その時々の業務の実態に照らし合わせて、最もリスクが高い領域にテーマを絞り込む必要があります。その際、当該年度における企業の経営方針、最高経営責任者や取締役会の意向を勘案します。その上で、質問内容にある過程をたどって監査テーマを設定することはオーソドックスな方法であり、一般的であるといえます。以下では、各過程における留意点を示します。

❶ 本部長へのヒアリング

　まず、ヒアリングを行う側（内部監査人）とヒアリングされる側（本部長）が、全社的な経営方針なり、経営目標なり、対処すべき課題について、適切に深度ある理解をもっているかが重要となります。ヒアリングを行う

内部監査人の理解が十分でなければ適切な質問を行えず，相手のヒアリング結果を批判的に検討することはできません。また，ヒアリングを受ける本部長の理解が十分でなければ適切なリスク管理が行えていないことが推測できます。全社的方針の中で，担当事業がどのように位置づけられ，最高経営者から期待されているものがどのようなことなのかを自覚あるいは正確に理解できているかを聴取する必要があります。このことは本部長の部門管理の指標になるので，それがどのように設定され，どのような措置が取られているかを内部監査人がイメージできるようなヒアリングにしなければなりません。

❷ キックオフ・ミーティングの資料の閲覧

各本部単位のキックオフ・ミーティングで用いられる資料には，設定された目標が記載されていますが，内部監査人がこれらを閲覧する場合には，経営計画書や予算書などとの整合性を見なければなりません。全体目標（経営目標）と部分目標（部門目標）の関係や目標（部門目標）を達成しようとする際の制約条件（予算）などをすり合わせた上で，リスクを把握しなければなりません。

❸ キーワードの洗い出し

単に頻出するからといってキーワードとして選択し，その後にリスクの分析を行ってもあまり意味がありません。それは，ご質問のような状況が生まれてしまう可能性を排除できないからです。本部長へのヒアリングやキックオフ・ミーティングの資料の閲覧で把握した部門目標の達成に関して識別されたリスクと結びつくキーワードを洗い出さなければなりません。洗い出されたキーワードは，組織や業務単位とリスクの重要度によってグルーピングし，監査テーマに結びつけていかなければなりません。

（武田）

Q25 当社の内部監査部門は，社長直轄の組織となっています。内部監査部門では，監査対象先について，①事前に社長が気になる事項を確認した上で，②リスク管理，コンプライアンス，業務の効率化等について，総務・人事・経理・製造・販売等の分野に分けて，確認すべき事項をリスト化（約700項目）し，それに基づき網羅的に監査を行ってきました。今後は，一度監査した監査対象先には，2回目以降はより重点の高い論点のみに絞込み監査するよう計画しています。このような監査を実施するにあたり，アドバイスをください。

A

平成26年の「基準」改訂の背景の1つとして，組織体における監査においては，高リスク領域に対する重点監査の重要性が高まっていることがあげられています。すなわち，自由競争市場を前提とした組織体の活動では，激変する市場環境から絶えずビジネス・リスクを識別し，それに適切に対応することが求められるに至っていることから，内部監査もローテーションで監査対象領域を監査するといった方法ではなく，リスクを識別し，高いリスクのある箇所を重点的に監査するのでなければ，組織体に役立つ監査とは見なされなくなってくる可能性があることが指摘されています。[*]

ここにおいては，高いリスクのある領域を把握する考え方と，リスク・アプローチの精緻化がポイントとなります。以下ではこの2つの観点からこの問題を考えます。

1. リスク評価と網羅性の確保

合理的に監査の範囲を決定するためには，リスクの識別，リスクの分析およびリスクの評価のそれぞれの手順を適切に踏まえることが大切です。

リスクの識別では，まず，組織体の中長期または年度の目標を把握しま

---

[*] 日本内部監査協会「内部監査基準改訂の背景および主な改訂点」平成26年6月1日。

す。この組織体の目標を，政治面，経済面，法令面などの組織体外部の要因や経営管理面，財務面などの組織体内部の要因とすりあわせ，組織体の目標達成を阻害するリスクが存在すると考えられるかどうかを検討します。

リスクの分析では，存在する可能性のあるリスクについて，どのような要因によって監査対象領域のどの部分（組織体全体，組織体単体，事業部などの部門やテーマ）に存在する可能性があるかを関連づけます。

リスクの評価では，各監査対象領域に存在する可能性があるリスクについて，その大きさを，実際の発生可能性と組織体の目標達成に対する影響度から評価します。これが，固有リスクといわれるものです。続いて，現状の内部統制を前提とした場合に，その内部統制によっても減じられることなく残ってしまうリスク，すなわち残存リスクを評価します。残存リスクは，「固有リスク－統制強度」の式で表されます。こうして導かれた残存リスクは，例えば組織体集団リスクマップ，組織体単体リスクマップ，組織体集団業務別リスクマトリクスといった図表を用いて，リスクの高，中，

【組織体集団業務別リスクマトリクスの例】

組織	リスク項目	内部統制		コンプライアンス		リスク管理		システム・情報	
		社員数	部門長・期間	インサイダー取引	不正	自然災害	パンデミック	大規模障害	情報漏洩
本社	人事部								
	財務部								
国内子会社	販売会社								
	物流会社								
海外子会社	米国販売会社								
	欧州物流会社								

＊表中には残存リスクの高・中・低を色分け等により記入する。
出所：「実務指針」5.2「リスク評価に基づく計画の策定」【参考】図表5.2.②

低に色分けした形で表すことができます。具体的な監査範囲は，原則としてこのリスクが高い領域から優先的に決定されることになります。

　また，様々な要因によって組織体のリスクは変化しますから，一度監査した領域であっても安心はできません。リスクマップの中で，高いリスクのある箇所が移動したり，その範囲が広がるということも考えられます。長期間，監査を行っていないという状況そのものがリスクを生み出すということも考慮すべきです。したがって，一定期間のうちに，監査対象領域の全体が適切にカバーされるよう中長期内部監査計画の策定・見直しを行うことが大切です。リスクの再評価と網羅性の確保が，ひいては監査の有効性につながります。

2. 監査の有効性・効率性と監査資源の配分

　内部監査部門長は，内部監査活動の有効性と効率性の両立を意識しなければなりません（「基準」4.2.1）。発生可能性と組織体の目標達成に対する影響度から固有リスクを評価し，内部統制を考慮した上で残存リスクを導き出し，この残存リスクが高い部分に重点的に監査資源を配分することによって，監査の有効性と効率性を両立しようとする監査の手法がリスク・アプローチといわれるものです。ここでは，監査資源をどのように監査範囲となる領域に配分すれば，効果的でかつ無駄のない監査となるかを考えなければなりません。こうした監査資源の配分も，あらかじめ年度内部監査計画の内容に含めておくべき事項です。

　経済合理性を追求する組織体にとって，過剰な時間や人員を監査に投入し，必要以上のレベルの監査を行うことは合理的な行動とはいえません。その過剰な部分の時間や人員を，今回は監査範囲としなかった他の領域に当てていれば，結果としては，全体としてより網羅性のある有効な監査になっていた可能性もあります。

　リスク・アプローチに基づく監査を合理的に実施するためには，内部監査に求められる監査のレベルと，実際に内部監査が達成する監査のレベル

の関係を考える必要があります。求められるレベルに達しない監査は有効な内部監査とはいえず、また求められるレベルを超える監査は効率的な監査とはいえません。投入する監査資源が多くなれば、それに応じて監査の有効性も高くなっていきます。これが、内部監査が達成する監査のレベルになるのですが、内部監査に求められる監査のレベルを一定とすれば、求められるレベルを超えるレベルの監査を行うことは、監査資源の無駄ということになります。重点の高い論点のみに絞り込んだ監査が、結果として監査資源の集中による非効率な監査にならないよう注意することも大切です。

（森田）

Q26

内部監査は過去からの積み重ねであり，内部監査の都度，問題点が改善されていけば，指摘事項は少なくなるはずだと思います。指摘事項が少ない部署は，次回監査までの期間を長くする一方，多い部署は，次回監査までの期間を短くすることは適切でしょうか。

A

　指摘事項は，具体的な監査範囲を選定する時点のリスク評価において残存リスクが存在すると判定され，その領域について監査業務を実施した結果，残存リスクを抑制するための何らかの是正措置をとる必要があると内部監査人が判断したことがらです。

　被監査部署が，指摘事項における問題点を着実に是正し，残存リスクが抑制されたときに，内部監査は組織体に価値を付加したことになります。したがって，内部監査活動の最後に位置づけられる重要な業務は，被監査部署による是正措置の実施状況の確認，すなわちフォローアップ監査ということになります。

　「基準」8.5.1 でも，内部監査部門長は，内部監査の結果に基づく指摘事項および勧告について，対象部門や関連部門がいかなる是正措置を講じたかに関して，その後の状況を継続的にモニタリングするためのフォローアップ・プロセスを構築し，これを維持しなければならないとしています。指摘事項に対して当該部門がどのように対処しているかは，フォローアップ監査で確認すべき事項です。

　そもそも「基準」2.2.1 および 2.2.2 が，内部監査部門を組織上，最高経営者に直属させることとしているのは，組織体内における独立性の確保のほか，最高経営者が，内部監査の結果としての指摘事項に対して適切な措置を講じうる立場にあるためです。すなわち，内部監査によって明らかになった問題点が確実に改善されていかなければ，内部監査業務そのものが無意味もしくは無駄なものとなってしまうおそれがあります。したがって，指摘事項に対して適切な措置がとられているかどうかを確認する作業は，

内部監査の最終ステップとして不可欠なものといえます。

また，組織体を取り巻く内外の環境は様々な要因によって変化しますから，それによって各監査対象領域におけるリスクも変動します。従来，指摘事項が少なかった部門が，今後も指摘事項が少ない状態であり続けるかどうかはわかりません。どの部門をいつ監査するかは，あくまでもリスク評価の結果によって判断されるべきです。以下では，リスク評価に基づく監査範囲の選定と，フォローアップ監査の実施の観点からこの問題を考えます。

1. リスク評価に基づく監査範囲の選定

内部監査部門長は，組織体の目標に適合するよう内部監査実施の優先順位を決定すべく，最低でも年次で行われるリスク評価の結果に基づいて内部監査計画を策定しなければなりません（「基準」5.2.1）。以前はリスクが低いとして監査範囲に含めていなかった領域についても，経営環境の変化や経営方針または経営計画の変更等により，リスクの高い領域になることは十分考えられます。したがって，リスク評価に変動をもたらす要因を適切に把握し，弾力的かつ柔軟に対応することが重要です。監査が必要な領域を監査範囲に含めない，または監査が組織体内の一部の領域に偏るという事態は避けなければなりません。また，組織体の存続に関わるような重大なリスクに対する危機管理については，組織体の目標達成に対する影響度が甚大であるため，たとえ発生可能性は低いと考えられても，定期的に監査範囲に含める必要があります。これまで指摘事項が少なかったことをもって，その領域の監査を先延ばしにすると，新たなリスクへの対応が遅れる可能性があります。

2. フォローアップ監査の実施

内部監査のプロセスは，内部監査報告書の提出をもって完了するわけではなく，指摘事項に対する是正措置がとられているかを確認する作業，す

なわちフォローアップ監査を実施し、その後の状況を確かめる必要があります。上で述べたように、内部監査で発見された問題点を被監査部署が是正し、組織体の目標達成を阻害するリスクが減じられたときに、内部監査は組織体に価値を付加すると考えられるためです。

　内部監査部門は、フォローアップの対象となる指摘事項に対し、組織体としての迅速な対応を促す必要があります。そのためには、内部監査報告書に指摘事項を記載するに先立ち、問題が生じている部門および必要な場合にはその関連部門に対して内部監査結果を説明し、問題点の相互確認を行って意思の疎通を図り、問題意識を共有しておくことが肝心です。この説明を丁寧に行わないと、被監査部署との間に摩擦が生じたり、内部監査に対する信頼を失うことにもなりかねませんので注意が必要です。

　内部監査報告書に記載する指摘事項に関しては、その是正に向けての内部監査部門としての助言を付しておくことが重要です。この助言こそが組織体に価値を付加する源となるためです。ただし、具体的な是正措置そのものを内部監査部門が考案することは避けるべきです。内部監査部門は、内部監査の対象となる組織体の諸活動について、いかなる是正権限も持たず、責任を負うものでもありません（「基準」2.1.2）。是正措置の内容をも内部監査部門が考案するとなると、講じられた措置に対して内部監査部門に責任が生じ、また、そのように措置が講じられた部門を将来再び監査する場合には、自らが考案したものを自らが監査する自己監査に陥ることとなり、独立性の問題が生じます。したがって、内部監査報告書における助言は、是正の方向性や是正例を示すにとどめ、具体的な是正措置の内容の検討は被監査部署に委ねたほうがよいでしょう。

　指摘事項に対して、どのような是正措置を講じるか、またはリスクを受容して是正措置を講じないかを最終的に決定するのは経営者層です。したがって、フォローアップ監査では、経営者層が実施すると決定した是正措置が、被監査部署において確実に実施されているかを確かめ、その結果をフォローアップ監査報告書にまとめた上で、経営者層や被監査部署に提出

することになります。

　フォローアップ監査をいつ実施するかは，その指摘事項の重要性によって異なります。一般的には被監査部署において是正措置が完了した後に実施しますが，是正措置が完了した直後に行うか，一定期間経過後に行うかは是正事項の性質等によって決められます。場合によっては，是正作業の途中の段階で，是正状況を確認するということも考えられます。また，実施の時期は指摘事項の重要性にも依存します。リスクの程度が高ければ，それだけ早期のフォローアップが求められることになります。指摘事項への監査対応は，こうしたフォローアップの観点から考えることが適切です。

〔森田〕

Q27 初めて定期的な自己評価を実施することになりました。定期的な自己評価のプロセスや手法，評価結果を受けての実務への反映方法などについて教えてください。

A

　定期的自己評価は，外部評価と同じプロセスを用いて，内部監査基準への適合性を組織体内で自ら定期的に評価するものです。定期的な自己評価の要点は，①誰を評価者とするのか，②どのように品質評価プロセスを実施していくのか，2点に絞られます。

1. 評価者の選任

　内部監査部門に内部監査基準をよく理解している者がいれば，その者を評価者に選任するのがよいでしょう。しかしながら，そうした適格者がいないからといって定期的自己評価ができないというわけではありません。かえって部門内に基準への理解者を養成するよい機会となり，内部監査の改善へのきっかけとなる場合もあるでしょう。内部監査部門長は，部門の活動を真剣に改善したいと願っている者を選任するのがよいでしょう。基準の基礎的な理解に基づく品質評価から，経験を積むことによって基準に対する理解が深まれば，より高いレベルの品質評価が実施できるようになります。

　小規模な内部監査部門では，部門長が自ら評価を実施することもあるでしょうし，大規模な内部監査部門では，内部監査部門長は，部内から評価責任者を含め数名の評価者を選任することが一般的です。

　また，評価者は必ずしも部門内から選任する必要はなく，他の部門にいるかつて内部監査業務を担当した者を選任する場合も認められます。ただしこの場合，内部監査をより良くする視点を有した者を選任しなければ，満足いく結果が得られないことになるでしょう。

2. 品質評価プロセスの実施

　IIA は，2013 年に Quality Assessment Manual を公表し，わが国でも日本内部監査協会より翻訳（『新 内部監査の品質評価マニュアル』（2015年）；以下，「品質評価マニュアル」という）が公表されています。本書は，品質評価の先進のエキスパートにより改訂され，経験豊富な実務家チームがレビューし，品質評価の新しい取組み方法（内部評価（継続的モニタリング，定期的自己評価）と外部評価の測定基準，継続的な改善，報告）を提供しており，内部監査の品質評価のデファクト・スタンダードといえるでしょう。

　IIA の「専門職的実施の国際フレームワーク」（IPPF）では，業種，民間企業や公的機関の種別，人員規模などにかかわらず，すべての内部監査部門が品質のアシュアランスと改善のプログラムを構築し，維持することを求めています。日本内部監査協会の「内部監査品質評価ガイド」によれば，内部監査基準や IIA の IPPF に基づく品質評価は，IIA の「品質評価マニュアル」または同等なガイダンスとツール，および「内部監査品質評価ガイド」に基づき実施すべきとしています。

　なお，「内部監査品質評価ガイド」における実施プロセス例は下表のとおりです。

【定期的自己評価の実施プロセス例】

	プロセス	内容
1	評価者の選任	評価者には基準についての最新の知識を保有することが求められます。
2	事前提出資料の整備	自己評価チームリーダーは品質評価マニュアルに基づき事前準備資料の提出を依頼します。
3	監査対象部門や内部監査スタッフへの調査	自己評価チームリーダーには，外部評価と同じく監査対象部門や内部監査スタッフに対するサーベイの実施が認められている一方で，サーベイの対象部門を限定したり，対象部門からの監査実施後の通常のフィードバックで代替したり，スタッフサーベイについても縮小したり省略することも容認されています。

4	キックオフ・ミーティング	自己評価チームリーダーは，内部監査部門内へ内部評価・定期的レビューのスケジュールを周知し協力を要請します。そして準備された資料を受け取ります。
5	インタビュー	自己評価チームリーダーは，品質評価マニュアルに沿ってトップへのインタビューを実施します。ただし自己評価の目的に応じて，定期的自己評価ではインタビューの対象範囲を狭める場合もあります。
6	評価プログラムの実施	自己評価チームは外部評価と同様に，品質評価マニュアルの評価プログラムに基づき評価します。
7	発見事項，改善提案と基準適合性サマリー	自己評価チームは発見事項があれば，事実を確認し，評価プログラム（ツールの該当欄）に記録するとともに，軽微な発見事項を除き，品質評価マニュアルにある発見事項と課題の作業シートに1枚1枚記入します。自己評価チームのリーダーは評価期間中，内部監査部門長と発見事項と改善提案について十分議論します。
8	基準への適合性の総合的な判断	自己評価チームのリーダーは，最終報告書に含める「基準や倫理綱要への適合性に関連する発見事項」は，基準への適合性のレベルについて，「一般的に適合している」，「部分的に適合している」，「適合していない」（GC，PC，DNC）3段階の判定を行うことになります。
9	クロージング・ミーティング	評価段階の最終日にクロージング（終了）・ミーティングを実施します。内部監査部門長および管理者に対し，発見事項および改善提案を説明し，基準への適合性の最終意見を述べます。そして改善提案への是正措置の回答期限と内部評価報告書の作成スケジュールを通知します。
10	ドラフト報告書とマネジメントレスポンス	内部評価・定期的レビューの報告書は，自己評価チームのリーダーが，内部監査部門長からの改善提案への是正計画の回答を含めて作成する。
11	報告書	最終報告書は，自己評価チーム内でレビューした後，内部監査部門長宛に提出することになります。
12	報告	内部監査部門長は速やかにこれを，最高経営者および取締役会に伝達しなければなりません。

出所：日本内部監査協会「内部監査品質評価ガイド」（図表15）より抜粋

3. 評価結果の実務への反映

「品質評価マニュアル」は，IIAの先進的な基準やベスト・プラクティスを参照して作成されています。内部監査の豊富な経験や基準に対する深い理解がないと戸惑うこともあるでしょう。まずはわかる範囲で自己評価を

進めることが大事です。その範囲で発見事項があり改善すべき事項が見えることもあるはずです。「品質評価マニュアル」のわからない部分については，自己評価者が基準等をしっかり研究し理解を深めながらプロセスを遂行すればいいのであって，毎年定期的な自己評価を実施し評価レベルが向上すれば，より高度な発見事項や改善提案が可能になります。

　また，自己評価チームのリーダーは，発見事項の事実を確認し，発見事項を改善提案につなげる場合はチームにそれを指示することとなります。リーダーは評価期間中，発見事項と改善提案について内部監査部門長と十分議論しなければなりません。内部監査部門長はリーダーの意見を尊重し，改善すべきポイントを浮き彫りにし，改善に向けた話し合いを行う必要があります。さらに内部監査部門長は，適合性レベルの判定について，自己評価チームによる総合的に見た意見とその根拠の説明を受け，回答期限までに改善提案への具体的な是正措置を考え，実行に移さなければなりません。このとき，内部監査部門の資源が制約条件になって是正措置の実行が困難であれば，最高経営者等にその解決を求めるように交渉することも重要となってきます。

（武田）

Q28
内部監査部門が設立されて10年ほどです。そろそろ内部監査部門の外部評価も必要ではないかと考えています。しかし，費用がかかることもあり，実施するかどうか迷っています。

そこで，外部評価にはどのようなものがあり，どのようなメリットが期待できるのか，できるだけ具体的に教えてください。また，外部評価を受ける際の留意事項があれば，あわせて教えてください。

A

内部監査の外部評価には，IIAや日本内部監査協会が内部監査基準の規定をもとに想定している，いわば公式に認められた外部評価と，それ以外にも評価の目的と範囲を限定した任意の契約による外部評価があります。

外部評価を受けることによって，次の2つの効果が期待できます。第1は，一定品質の内部監査が行われていることを客観的に示すことができることです。いわば内部監査の「品質の確認」です。第2は，内部監査部門のさらなるレベルアップを狙った改善の機会を明らかにできることです。内部監査の「品質の向上」といってよいでしょう。

目的に応じて外部評価の種類を選択することや，内部評価（自己評価）とうまく組み合わせることで，コストを抑えつつ外部評価のメリットを最大限に活かすことが肝要です。

1. 外部評価の種類

IIAや日本内部監査協会が想定している外部評価には，次の2種類があります。

第1は，「フル外部評価」と呼ばれるものです。適格にして独立した外部評価者が，品質評価マニュアル等に従って，①監査基準・倫理綱要・内部監査の定義への適合性の総合的な評価を行い，さらに②内部監査部門の有効性と効率性もあわせて評価し，もって③改善の機会を明らかにします。

最低でも5年に1度実施すべきものとされています。ただし，いきなり外部評価を受けても，指摘事項や改善事項ばかり出てくることが想定されます。そこで，継続的または定期的に（最低でも年に1度）自己評価を行い，自律的に内部監査のレベルアップを図っていくことが前提となります。

第2は，「自己評価と独立した検証」（SAIV）と呼ばれるものです。まずもって内部監査部門で自己評価を行い，その評価の妥当性等を外部評価者が検証します。純粋な外部評価ではなく，自己評価との組み合わせになりますが，最終的には，外部の適格にして独立した評価者によるお墨つきを得ることができます。これも，最低でも5年に1度実施すべきものとされています。ただし，フル外部評価とは異なり，監査基準・倫理綱要・内部監査の定義への適合性の評価のみに限定して実施することになります。

なお，上記2つの公式に認められた外部評価以外にも，外部評価者との契約によって，評価の範囲や手続を双方で合意して実施することも可能です。これですと，5年に1度といった定期的なものではなく，毎年，徐々に評価範囲を広げてゆくこともできます。また，外部評価というよりも，内部監査業務の改善のみを目的として利用しているケースも見受けられます。

ただし，IIAや日本内部監査協会が想定している外部評価ではなく，限定された評価を受ける場合に気をつけなければならないことは，その結果の利用目的と効果が限定されてしまうことです。内部監査の品質を確認したり，向上させるためには，内部監査の体制・組織，監査計画の策定から監査報告とフォローアップまで，監査業務の一連の流れが客観的に評価される必要があります。

2. 外部評価によって期待されるメリット

「フル外部評価」であれ「自己評価と独立した検証」であれ，内部監査の基準等に適合しているかどうかを客観的に確かめることを通じて，一定品質の監査が行われていることを，経営者，取締役会，被監査部署，さらに

は外部の関係者に明らかにすることができます。「IIA基準」等への適合性評価が行われれば，国際的にみても高品質の内部監査が行われていることのお墨つきを得ることができます。

また，「フル外部評価」によって，内部監査部門の有効性と効率性を向上させ，監査業務のより一層の改善が図れれば，内部監査のステータスを高め，さらには組織体の価値を高めることに貢献できるでしょう。

❶ 経営層にとってのメリット

外部評価によって監査基準等への適合性が確かめられれば，最高経営者や取締役会が，内部監査の結果を信頼して利用するための有力な根拠となります。また，外部評価を通じて内部監査の品質が確保・向上できれば，最高経営者または監査委員等は，内部監査部門を適切に指導し監督する責任を果たしていることの証とすることもできるでしょう。経験豊かな外部評価者による最高経営者等へのヒアリングによって，内部監査に対するニーズを的確に捉えることができ，これまでの監査報告の内容が劇的に改善されたといったケースも見受けられます。

❷ 被監査部署にとってのメリット

監査基準等への適合性は，一定品質以上の監査業務が行われたことを意味しますので，被監査部署にとっても，有益な監査サービスを安心して受けることができます。外部評価者による被監査部署へのヒアリング等を通じて，被監査部署からみた内部監査に対する改善点を的確に吸い上げてもらうこともでき，それが内部監査の品質向上につながれば，より効果的で効率的な監査を受けることができます。

❸ 外部関係者にとってのメリット

外部評価による監査基準等への適合性に対するお墨つきは，公認会計士または監査法人が内部統制の評価において内部監査に依拠しようとする場合や内部監査の特定の業務を利用しようとする場合，あるいは取引先・委託元等に対する内部監査結果の外部開示に際して，内部監査の信頼性を確認するための手段となります。

❹ 内部監査部門にとってのメリット

　内部監査部門の業務を監督する立場にある内部監査部門長にとって，監査基準等への適合性は最低限確認しておきたいところです。外部の第三者的な目で評価してもらうことで，部門長が気づかない問題点が指摘されることもあります。外部評価者の的確なアドバイスによって，ベストプラクティスに向けた段階的なステップアップの道筋を描くこともできるでしょう。一方，内部監査部門員にとっても，外部評価者が行う評価の手順・方法，ヒアリング等の勘所，入手した資料や証拠の分析方法等を間近に見ることができ，自らの内部監査業務に応用する絶好の機会ともなり得ます。

3. 外部評価を受ける際の留意事項

　「フル外部評価」であれ「自己評価と独立した検証」であれ，外部評価を受ける際には，内部評価（自己評価）が前提となります。内部監査部門内で，自らの業務を継続的または定期的に評価し，その結果を業務の改善に結びつける不断の努力こそ，監査の品質を保ち，向上させるための鍵となります。自らの業務を監査基準等やベストプラクティスに照らして見直したり，改善のための工夫を凝らす試みは，内部監査人の能力向上にもつながってきます。

　自己評価に不安があったり，内部監査のレベルアップを図りたい場合には，日本内部監査協会が内部評価のためのナビゲート・プログラムを用意していますので，それを利用することが効果的です。

　いきなり外部評価に頼るのではなく，内部評価を確実にした上で，外部評価へと進むというプロセスが現実的であり効果的でしょう。

　ご質問者の組織のように，内部監査部門が設置されてから10年というのは，すでに内部評価が行われていれば，外部評価を受けるよい節目かもしれません。

（堀江）

Q29

内部通報制度が整備されているのですが、その活用実績は芳しくありません。そこで、内部監査部門として、内部通報制度の活用を奨励したり、普及啓蒙することに問題はないでしょうか。また、組織体として内部通報制度を効果的に運用するためには、どのような点に着目して監査を行うべきでしょうか。

A

　内部監査部門としてアシュアランス業務を提供する場合、内部通報制度の活用を推奨したり、普及啓発することには、基本的に問題があるといわざるを得ません。内部監査部門は、内部通報制度を整備したり、その活用を推進する役割を有するのではなく、客観的な立場から当該制度の整備状況や運用状況を評価しなければならないからです。

　ただし、コンサルティング業務を提供する場合には、内部通報制度の活用を図るため、推奨、普及啓発に関与することはあり得ます。その場合であっても、内部通報制度の活用を推進するため内部監査部門が前線に出て旗振りを行ったりしますと、後々、自己監査に陥る危険性を孕んでいることには注意が必要です。

　内部通報制度は、不正の端緒をつかんだり、業務上の潜在的な問題点を発掘するために効果的な手段です。ですから、内部監査として、寄せられた情報を利用することが必要となる場合もあります。そのためにも、内部監査部門は、当該制度が組織として効果的に運用できているかどうかを評価し、もし問題があれば改善提言を行うことが求められています。

1. 内部通報制度の整備状況の評価

　消費者庁が公表している「公益通報者保護法を踏まえた内部通報制度の整備・運用に関する民間事業者向けガイドライン」（平成28年12月）において、「通報対応の状況について、中立・公正な第三者等による検証・点検等を行い、調査・是正措置の実効性を確保することが望ましい」とされ

ています。ここでいう「中立・公正な第三者等」を組織体の内部に求めるとすれば、それはまさに内部監査部門以外にはないでしょう。

その場合、主に次の2つの観点からする評価が必要となります。

❶ 仕組みの整備

経営管理者の責任のもと、通報の仕組み（通報の受付、調査・対応措置の実施、再発防止策の策定まで）が整備され、内部規程等において明文化され、組織内外に周知徹底されているかどうか。とりわけ、通報者に対する不利益な取扱いが明確に禁止されているかどうか。

❷ 環境の整備

安心して通報ができる環境が整備されているかどうか。すなわち、通報窓口が、情報を把握する機会の拡充という観点からみて、適切に設置されているかどうか。また、通報システムが利用しやすいものとなっているとともに、通報者に対する秘密保持への配慮がなされているかどうか。

アシュアランス業務を提供する場合には、上記2つの観点から、まずもって内部通報制度の整備状況について評価する必要があります。したがって、そのような場合には、通報制度の組織体内への推奨や普及啓発は、経営管理者または内部通報制度の運営に責任をもつ部署等の業務の執行側が行うべき任務として位置づけられます。

2. 内部通報制度活用状況の評価

ご質問にありますように、内部通報制度があっても、それが十分に機能していないといった声を多く聞きます。

とはいえ、通報件数の多寡だけで、通報制度の有効性を判断することには慎重でなければなりません。ちなみに、消費者庁の「平成28年度民間事業者における内部通報制度の実態調査」によると、従業員数3,000人超の会社（有効回答数154事業者）では、過去1年間の通報件数0件が14.2%、1件～5件が50.5%であり、過半は5件以内という結果が出ています。その代わり、公益通報者保護法の対象となる法令違反行為の通報が

32.5%とかなり高い比率を示しています。

そこで，通報件数が極端に少ないといった場合，そもそも通報制度の仕組みや利用環境といった整備状況に欠陥があってのことなのか，あるいはもともと通報対象となるような案件が少ないからなのかを見極める必要があるでしょう。また，件数の多寡ではなく，重要な法令違反行為等に結び付くような通報が寄せられているかどうかにも留意する必要があります。

そこで，内部通報制度の運用状況の監査では，通報が必要な重要性の高い案件があるにもかかわらず，それが寄せられないという状況があるかどうかに着目する必要があります。とりわけ，法令違反が起こる前に，違反に結び付くようなヒヤリハットを，適時かつ適切に吸い上げることができるようになっているかどうかに重点を置くことがポイントとなるでしょう。

ちなみに，通報件数が極端に多いケースもあり得ますが，そのほとんどは，社内規則上問題がないかどうかの事前確認や相談である場合も少なくありません。このような状況は，内部通報制度が有効に機能しているというよりも，組織構成員のコンプライアンス意識が高い現象として捉えるべきでしょう。

したがって，コンプライアンス部門等の部署でこのような相談を受けることを周知するとか，あるいは専用の相談窓口（社内ポータルのような窓口でもよい）を設けるなどの工夫をするのがよいかもしれません。

3. 活用推進のための内部監査の役割

内部通報の責任部署は，法務・コンプライアンス部門，総務部門，人事部門など，様々です。内部監査部門が責任部署となったり，通報窓口となる場合もあります。

上述の消費者庁の調査によりますと，従業員数3,000人超の会社では，通報窓口は，法務・コンプライアンス部門が56.7％と突出しており，監査部門は15.0％（ちなみに内部統制統括部門が9.2％）となっています（複数窓口も含む数字）。

規模の大きな組織体で多く見られる法務・コンプライアンス部門などは，

通例，いわゆる第2のディフェンス・ラインに該当します。それゆえ，内部監査部門との関係をどのように考えるかということが問題となります。

　その場合，次の2つの関係として捉えることができます。第1は，内部通報の責任部署となっている第2のディフェンス・ラインがその機能を適切に果たしているかどうかを内部監査部門が客観的な立場から監査するという関係です。具体的には，通報の受付，調査，是正といったプロセスが，組織体内の規程等に従って，適切に運営されているかどうかが監査上の着眼点となります。

　第2は，第2のディフェンス・ラインと内部監査部門との連携を図ることです。法務・コンプライアンス部門などで集めた情報が内部監査部門に適時に伝達されるようにすることで，内部監査部門は不正等の端緒をつかんだり，組織運営上の問題点を把握することができるでしょう。逆に，内部監査部門が有している情報が法務・コンプライアンス部門などに伝達されることで，事前の対処が可能となったり，通報に基づくより深い調査を行うことができることもあるでしょう。

　また，内部監査部門が内部通報の責任部署となり，かつ通報先となっている場合にも，法務・コンプライアンス部門などとの密接な連携が必要となります。法令違反やその疑いがある場合の通報に基づく調査では，様々な法的考慮が必要となるケースがほとんどだからです。場合によっては，外部の法律専門家の支援を仰ぎながら，調査等の対応を進める必要があることも少なくありません。

　さらに，通報に基づく不正調査への協力のみならず，調査の結果を受けた是正措置や再発防止策の策定に対する助言を提供すること（コンサルティング業務）が，内部監査の重要な任務となることもあります。

（堀江）

Q30 当社では，リスクマネジメント委員会が立ち上がっておりますが，リスクマネジメント推進室が定期的に各部門に検討を依頼するチェックリスト上のリスクと，各部門が方針管理で取り上げている業務およびその推進上の課題（リスク）とが必ずしも一致していません。内部監査部門として，経営に資する監査を行うためには，全社のリスク評価を何らかの形で行い，優先順位づけをして，経営トップに監査計画の承認をもらう必要があると考えています。内部監査部門では，各部門の方針書を読み解き，そこに記載されているリスクを拾い出す方法をとる予定です。この状況下で，他に全社のリスクを監査目的で集約・評価する上で，効率的な方法があれば教えてください。

A

　まず，リスクマネジメント部門と執行部門のそれぞれが認識しているリスクが一致していないことへの対処法を考えた上で，全社のリスクを集約・評価する効率的な方法を探っていきます。

1. リスクマネジメント部門と執行部門のリスクに対する認識の相違

　リスクはあらゆる業務プロセスに潜在しており，経営目標達成のためにリスクの全体最適が求められます。あらゆる事業部門においてリスクを極小化する努力は，その理念として正しいものと理解でき究極の目標となりますが，経営資源の効率的利用を考えた場合，重要性の高いリスクを一定の受容範囲に収めることが優先されます。このリスクに対する取組みを社内の特定部門（業務部門）に限定せず，社内の各部門が役割に応じて活動を分担し全社的な取組みに展開させる行為がリスクマネジメントの目的になります。一般に，リスクマネジメントの担当部門であるリスクマネジメント委員会は，この目的を達成させるために設置されます。また，リスクマネジメント推進室をリスクマネジメントの実行部隊と捉えた場合，各部

門からリスク情報を収集・分析し，リスクマネジメント計画の策定・実施を行う役割を担うものと位置づけられます。

このリスクマネジメント推進室が各部門に検討を依頼したリスクと各部門から寄せられるリスクに相違が生じているということは，リスクマネジメント計画に脱漏が生じ，リスクの全体最適がそもそもできるような仕組みとなっていない恐れがあります。こうした相違の原因は，例えば，リスクマネジメント推進室が現場業務を理解できていないこと，各部門が自らの業務を全社的方針管理の中で位置づけができていないこと，などが考えられます。この点をまずは是正させ，それぞれによって認識されているリスクを概ね一致させることが必要です。その上で，内部監査部門が，両者のリスクの洗い出しや分析，低減方法等を監査していくことになります。

IIAは，2013年に"The Three Lines of Defense in Effective Risk Management and Control"（有効なリスクマネジメントとコントロールにおける3つのディフェンス・ライン）というポジション・ペーパーを公表しました。そこでは，第1のディフェンス・ラインとして事業部門の管理者等によるコントロールと内部統制の手段を，第2のディフェンス・ラインとして間接管理部門を，第3のディフェンス・ラインとして内部監査部門をあげ，第1ラインが自らの日常的なモニタリングを行い，第2ラインが第1ラインを独立的にモニタリングし，第3ラインが第1および第2ラインを監査する仕組みを提唱しています（詳細はQ2参照）。

2. リスクの集約方法

ご質問は，全社のリスクを効率的に集約する方法は何か，ということですが，基本的な方法は，ご質問者が採用しようとしている方法になります。

ご質問の前提となっている状況のように，リスクマネジメント部門と執行部門との間のリスク認識の相違に基づくリスク集約が著しく非効率である場合には，リスクに関するチェックリストの作成に内部監査部門が関与することも必要かもしれません。しかし，内部監査部門がリスクマネジメ

ント部門の業務を代替することになるため，原則，避けるべき行為であることを忘れてはいけません。その理解に立ってリスクマネジメント部門を内部監査するというフレームワークでチェックリストの改善に寄与すべきでしょう。

また，チェックリストの作成に関与しないとするならば，内部監査部門が自らリスクを識別する必要があります。このリスク識別の方法には，アンケート，ヒアリング，ブレーンストーミングなどがあります。

アンケートは，ご質問の前提となっている状況を引き起こします。すなわち，アンケートの質問事項により識別されるリスクが異なったり，回答者の関心の程度（理解度）によりリスクの程度が異なったりするため，リスクの集約に効率的ではあっても，その内容にバラツキが生じます。

次にヒアリングは，執行部門の責任者等と面談し，リスクに関する情報を聞き出す方法です。これによると，内部監査人が直接リスク概念を説明するため，内部監査人の理解に基づく一定の水準（範囲）のリスクを識別することができます。また必要に応じて追加質問ができるため，リスクのバラツキを抑制することが可能となります。しかし，質問者である内部監査人のリスクに対する理解度に左右されるため，内部監査人の無意識の偏向が問題となります。また，個別対応となるため時間を要し，効率的とはいえません。

ブレーンストーミングは，執行部門の責任者や部門員とリスクに対して協議する方法で，執行部門で認識される共通のリスクを適切に把握することが可能です。しかし，ブレーンストーミングの参加者の業務やリスクに対する理解度が低い場合，十分な成果が得られないこともあります。

このように，内部監査部門が直接リスクを識別する方法とその特徴を理解しておくことが必要です。

次に他部門が行うリスク評価の結果を参考にする方法を見ていきます。

リスク評価は，外部監査（会計監査）でも行われています。すなわち，上場会社の場合には，財務報告に係る内部統制監査のスキームの中で，内

部統制の基本的要素として「リスクの評価と対応」が含まれていますので，この結果を参考にすることが考えられます。

またERM（Enterprise Risk Management）を導入している企業にあっては，ERMの一環で実施される企業またはグループ全体のリスク分析の結果を閲覧して，リスクの集約に努めます。

しかし，この両者に見られるリスクマネジメント活動をリスクマネジメント推進室が行っているのなら，是非もありません。

そこで次に考えられる方法として，CAATの利用を検討します。

CAATは，コンピュータを有効に活用することで監査に至る前のリスクの洗い出しにも利用することができます。CAATは，監査対象領域＝監査対象とすることが可能ですので，異常値の検索範囲を極大化できる特徴をもつことになります。そこで，数種類の監査テーマの中から経営者の関心が高いものをいくつか選択し，それぞれに対しCAATを用いて異常値の検出を行い，その組み合わせによってリスクを推定することが可能になると思われます。ただし，この方法は，単独でリスクを集約するというよりも監査の実施の中に組み込まれたリスクの洗い出しといえるでしょう（詳細はQ42参照）。

また，以上の話とは異なる次元ですが，経営に資する監査という視点でいえば，戦略リスクを評価することも必要になってくるでしょう。戦略リスクとは，事業戦略や戦略目標に影響を与える，またはそれに起因するリスクを指します。経営環境（外的・内的環境）の変化に意識を向けていないと見過ごすことになるかもしれません。

（武田）

Q31

内部監査と監査役監査および会計監査人監査の連携の必要性は昔から指摘されてきました。しかし，連携の具体的な方法については，「計画の調整」，「結果の活用」，そのための「密接な情報交換」=「定期的な会合」といった方法を超えるものを見出すことはできていません。内部監査と監査役監査および会計監査人監査との連携をより有意義なものとするにはどのような視点が必要と考えればよいでしょうか。

A

　コーポレートガバナンスの重要性が引き続き認識されています。こうした認識は，コーポレートガバナンス・コードの適用により一層高まっていると思われます。この点，コーポレートガバナンス・コードでは，内部監査と監査役監査および会計監査人監査との連携に関連する規定も定められています。連携をより有意義なものとするには，係る規定を踏まえた上で，コーポレートガバナンスという視点から連携の問題を位置づけることが有用であり必要と思われます。

1. コーポレートガバナンス・コードの適用

　東京証券取引所は，「コーポレートガバナンス・コードの策定に関する有識者会議」（座長・池尾和人慶應義塾大学教授）が 2015 年 3 月 5 日付で公表した「コーポレートガバナンス・コード原案」をその内容とするコーポレートガバナンス・コード（以下「コード」といいます）を定めています。コードは，有価証券上場規程の別添とされ，この規程に含まれているコードの尊重を求める規定や，コードを実施しない場合の理由の説明に係る規定において引用される形となっています。コードおよび改正後の有価証券上場規程は，2015 年 6 月 1 日から適用されていますが，その趣旨・精神は，上場会社のみならず非上場会社にとっても有益であり尊重すべきものと思われます。

2. コードにおける内部監査と法定監査との連携に関する規定

コードには内部監査と法定監査との連携に関係する以下の規定が含まれています。

① 「取締役会及び監査役会は，少なくとも下記の対応を行うべきである。……（中略）……(ⅲ)外部監査人と監査役（監査役会への出席を含む），内部監査部門や社外取締役との十分な連携の確保……（後略）……」（補充原則3-2②）

② 「上場会社は，内部監査部門と取締役・監査役との連携を確保すべきである。また，上場会社は……（中略）……社外取締役や社外監査役に必要な情報を的確に提供するための工夫を行うべきである。」（補充原則4-13③）

①は，「……（中略）……外部会計監査人が株主・投資家に対して責務を負っていることを認識し，適正な監査の確保に向けて適切な対応を行うべきである」（【原則3-2．外部会計監査人】）を受け，外部会計監査人が上場会社内の問題を早期に発見し，適正な監査を確保する観点から，外部会計監査人と監査役や内部監査部門等との連携の確保を取締役会及び監査役会に求めるものとされています。

また②は，「……（前略）……上場会社は，人員面を含む取締役・監査役の支援体制を整えるべきである。……（後略）……」（【原則4-13．情報入手と支援体制】）を受け，「支援体制」として，「内部監査部門と取締役・監査役との連携を確保」する必要があることを強調するものであるといわれています。

以上は，コーポレートガバナンスの実効性を高めるために内部監査を活用すべきとするものですが，こうした監査機能等と連携することにより，社内における内部監査の地位や存在意義が高まることが期待されますので，内部監査にとっても有意義なものと思われます。

3. 内部監査と会計監査人との連携の具体的方法

上記の視点に基づく会計監査人との連携の方法としては，例えば次のようなものが考えられます。

❶ 監査計画立案時における連携

会計監査人が，監査手続の内容やその実施時期等を効果的かつ効率的に立案するために，内部監査の有効性を評価し，有効に機能している場合には，その監査結果を利用することが考えられます。

このためには，お互いの監査計画の提出を受け，会計監査人と意見交換することが必要になります。また，会計監査人が内部監査の結果を利用することを予定している場合には，事前に，内部監査の実施時期，監査範囲，監査調書の作成および閲覧ならびに監査結果の報告等について，会計監査人が合意を求めてくることになるでしょう。

以上に加え，会計監査人による重要な虚偽表示のリスクの把握を支援するために，内部統制の評価結果や会計監査人の監査計画に重要な影響を及ぼす問題点等について，会計監査人と意見交換するということもこの場面における連携といえるでしょう。

❷ 監査実施過程における連携

会計監査人が統制リスクの評価を行う際に，内部監査の実施過程で把握した内部統制上の問題点について伝達することが考えられます。

また，会計監査人が，監査の過程で従業員の不正や誤謬等を発見した場合に，会計監査への影響の検討を支援するために会計監査人と意見交換をすることもこの局面における連携の方法の1つでしょう。

4. 内部監査による監査役の支援の具体的方法

係る支援としては，以下のように，情報提供面からの支援と人的支援が考えられます。

❶ 情報提供面からの支援

内部監査部門から監査役に対する情報提供の一環として，監査計画，監

査状況あるいは監査結果を提供するということは，実務においても広く行われており，コードが求めている視点からも一層促進されるべきでしょう。

また，監査結果を伝達するタイミングについても，1か月ごとや四半期ごとといったように定期的に行う場合もあるでしょうが，実施の都度行うというケースも比較的多いようです。

❷ 人的支援

こうした支援としては，まず，監査役または監査役スタッフとの共同監査が考えられます。係る共同監査の実施が実務の多くであるとまでいえない状況ですが，社内の監査資源の有効活用や被監査部署の監査対応時間の縮減等の観点からも望ましいものとされています。今後の促進が期待されるところです。

さらに，人的支援としては内部監査部門のスタッフが監査役の指揮下で監査業務に従事するといったものが考えられます。係る支援も実務においては広く行われているといえる状況ではありませんし，実施には執行側の理解が必要とされます。しかしながら，監査役スタッフがいないか十分でないときの監査役の監査機能の充実を補充するものであることから，その実施が広まることを期待したいところです。

（島﨑）

第5章

個別の内部監査の計画と実施

Q32 ガバナンス・プロセスの内部監査とは，どのような事項を対象として，どのような監査を実施したらよいのでしょうか。

A

内部監査においてガバナンス・プロセスの監査とは，一義的にはガバナンス・プロセスに役立つ監査を意味します。ガバナンス・プロセスに役立つ監査を実施するためには，ガバナンス・プロセスとは何かを理解した上で，ガバナンス・プロセスに係る何をどう監査するかについて考える必要があります。

1. ガバナンス・プロセスとは

ガバナンス・プロセスとは，取締役会等の組織体の統治機関が組織体の基本的事項に係る意思決定を行い，意思決定事項の実施を代表取締役等の経営陣に指示し，指示に対する経営陣の業務執行状況を監督する一連のプロセスをいいます。

2. ガバナンス・プロセスに役立つ監査事項

ガバナンス・プロセスとは，取締役会等の組織体の統治機関による組織体の基本的事項に係る意思決定，意思決定事項の代表取締役等の経営陣への実施指示，指示事項に対する経営陣の業務執行状況の監督の一連のプロセスである以上，ガバナンス・プロセスに役立つ典型的な監査とは，次の事項について検証・評価し，その結果を統治機関に報告する監査が考えられます。

① 取締役会等の統治機関が適切に意思決定するために彼らに適時・適切に情報が伝達されているか。
② 統治機関が出した指示が経営陣に適切に伝達されているか。
③ 統治機関からの指示を経営陣が適切に実施しているか。
④ 統治機関からの指示を経営陣が実施することにより，統治機関が設定した目標が達成されているか。

なお，監査（等）委員会からの指示や監査役からの依頼等を受けて内部監査機能が統治機関の意思決定の適切性自体を監査することもあり得ますが，統治機関の意思決定の適切性自体の監査は，通常，監査（等）委員会や監査役の監査の範疇に入ると考えられます。また，上記のような情報を取締役会だけでなく，監査（等）委員会や監査役にも提供することにより，内部監査はガバナンス・プロセスの一部である監査機関の機能発揮にも貢献できます。

3. ガバナンス・プロセスに役立つ監査の実施方法

　取締役会等の統治機関が意思決定するための情報が適時・適切に統治機関に伝達されているかを監査するには，例えば取締役会への提出資料や議事録といった意思決定に係る資料を検証することが考えられます。それらに記載されている内容とリスク・マネジメントや内部統制に係る監査等を通じて内部監査人が把握している事実との整合性を検証し，取締役会等が判断するにあたって，十分かつ適切な情報が提供されているかを内部監査人は評価することになります。

　統治機関が出した指示が経営陣に適切に伝達されているかについては，取締役会事務局から経営陣への伝達文書等の閲覧や経営陣へのインタビュー等により検証・評価することになります。

　また，統治機関からの指示を経営陣が適切に実施しているかについては，経営陣が策定している業務施策や発出した指示書やメール等の閲覧や経営陣へのインタビューの実施等で検証・評価することができます。

　さらに，統治機関からの指示を経営陣が実施ことにより統治機関が設定した目標が達成されているかについては，統治機関が設定した目標に対する業務執行の到達状況を内部監査人が確認することにより監査を行います。目標には，収益目標といった金額目標，実施回数といった回数目標，発生率といった量的目標と，組織体制の構築文書化，IT化といった質的目標があります。

さらに，上記の検証・評価を実施した結果，不備や問題が発見された場合は，その原因と影響度についても内部監査人が把握し統治機関に報告することは大変有益です。

したがって，内部監査人が提供するこれらの情報は，統治機関が組織体の現状を適切に把握し，自らの意思決定の修正や追加，経営陣に対する追加指示等，監督機能を適切に遂行していくために不可欠なものといえます。

なお，ガバナンス・プロセスに役立つこれらの情報は，リスク・マネジメントや内部統制に係る様々な個別の内部監査活動を通じて得られることも多く，リスク・マネジメントや内部統制に係る内部監査によって得られた発見事項のうち，その発生原因がガバナンス・プロセスにあると判断される場合にはその事実を統治機関に報告する必要があります。

以上の要点をまとめますと，下表のとおりとなります。

【ガバナンス・プロセスに役立つ内部監査】

監査対象プロセス	監査目的	検証方法例
意思決定に係るプロセス	取締役会への情報伝達の適時性，適切性	取締役会資料，議事録と内部監査部門の把握している事実の比較。
指示伝達に係るプロセス	経営陣に対する指示事項，情報の伝達の適時性，適切性	取締役会事務局から経営陣への伝達文書等閲覧。 取締役，経営陣へのインタビュー。
経営陣の業務執行に係るプロセス	経営陣による業務執行（目標設定を含む）の適切性，妥当性	経営計画，業務施策，発出された文書等閲覧。 経営陣や職員へのインタビュー。
経営陣の目標達成に係るプロセス	経営陣による経営目標の達成状況	目標値と実績の比較，差異分析，差異発生原因分析。
各プロセス共通	ガバナンス・プロセス改善への寄与	各プロセスとも，リスク・マネジメントや内部統制に係る内部監査や，日常的モニタリング活動で得られた情報が有益。 各プロセスで重要な不備や問題が発見された場合の原因分析と影響度評価。

なお，ガバナンス・プロセスに役立つ監査では，監査対象が経営陣になることが多いので，監査において監査役（指名委員会等設置会社では監査委員，監査等委員会設置会社では監査等委員）等との連携を検討することも有益です。監査役等は内部監査の独立性を支援してくれるでしょうし，監査役監査にとっても内部監査の監査能力，内部監査のもたらす情報は大変有益です。

　また，経営陣による不正，あるいは不正の兆候を内部監査人が発見した場合は，迅速かつ適切に取締役会等の統治機関及び監査役等に報告を行うことが重要です。

（吉武）

Q33
内部監査における業務監査と規格適合監査（ISOにおける内部監査，個人情報監査，または内部統制対応の評価）を複合的に実施することを推進したいと考えています。極力，現場業務に負担をかけないように工夫をしたいのですが，どのような点に注意すべきでしょうか。また，こうした複合的な監査の実施例について教えてください。

A

内部監査における業務監査とISO等の規格適合監査を効率的に行うためには，年度監査計画と個別監査計画に係る工夫が重要です。以下でいくつかの例を示しながら工夫について紹介していきます。

また，規格適合監査を内部監査部門以外の部署が実施している場合はその部署との連携が重要になります。

1. 年度監査計画における工夫

内部監査における業務監査と規格適合監査の両方を年度監査計画に組み入れる方法としては次の方法が考えられます。なお，このうち②〜④が業務監査と規格適合監査の複合的実施による方法となります。

① 規格適合監査は義務的監査（法令や基準等の要求事項として実施することが求められている監査）として，業務監査はリスク・ベース等に基づく内部監査部門長の判断により実施する任意監査として，各々別々に年度監査計画に組み入れる方法

② 業務監査の一部または全部を規格適合監査の一部となるように計画する方法

③ 規格適合監査の一部または全部を業務監査の一部となるように計画する方法

④ 規格適合監査が業務監査に兼ねる方法（規格適合監査イコール業務監査の場合）

①の場合は，監査テーマは同じでも監査の目的や目標等が違うときに採

用される方法です。例えば，規格適合監査では規格への適合性が監査目的になりますが，業務監査では評価規準がもっと高く，ベスト・プラクティスへの到達評価や助言が監査目的になる場合です。ただし，この場合は，同じまたは同様のテーマの監査を別々に行わなければならないため，業務監査と規格適合監査を複合的に行う場合に比べて，内部監査部門および被監査部署の監査負担は大きくなります。

②は例えば子会社における内部統制に係る業務監査を内部統制監査の一部となるように計画する場合です。この場合には，その監査の目的・目標を業務監査と内部統制監査，各々の個別監査計画に適切に組み入れる必要があり，その工夫については後述致します。

③の場合としては，②の反対に内部統制報告制度の監査における子会社の財務報告に係る監査を子会社に対する業務監査の一部として行う場合です。この場合も，その監査の目的・目標を業務監査と内部統制監査，各々の個別監査計画に適切に組み入れる必要があり，その工夫については後述致します。

④の場合は，監査目的，監査範囲，保証水準が同じときに採用できる方法です。1つの監査で業務監査と規格適合監査ができるため効率的ですが，監査目的，監査範囲，アシュアランス水準を同じに設定することが妥当なのか，計画策定時に慎重に検討する必要があります。

2. 個別監査計画における工夫

❶ 監査の一部または全部を規格適合監査と業務監査が共有する場合

上記1.の②業務監査の一部または全部を規格適合監査の一部となるように計画する方法と③規格適合監査の一部または全部を業務監査の一部となるように計画する方法の場合は，個別監査計画において次の点に留意する必要があります。

① 規格適合監査および業務監査の各々の個別監査計画において，両監査の共通の監査範囲がどこであるかを明示すること。

② 規格適合監査および業務監査の各々の個別監査計画において，両監

査の共有できる監査深度がどこまでか（両監査が求めるアシュアラン
ス水準が違う場合，どの程度までのアシュアランス水準については共
有できるか）について，明示すること。
③　上記の①，②の根拠が各々の監査目的・目標との関係から合理的か
つ明確に各々の個別監査計画において説明されていること。
④　上記の①〜④を踏まえた上で適切な監査方法を選択し，個別監査計
画および予備調査を経て作成される監査プログラム（監査手続書）に
その監査方法が明記されること。

　①については，例えば子会社に対する業務監査では子会社の業務の有効
性・効率性，報告の信頼性，コンプライアンスに係る内部統制について評
価を行うものの，内部統制の評価ではその中の財務報告に係る内部監査だ
けを監査範囲とする場合です。この場合は，業務監査の監査範囲のうちで
どこが内部統制の評価の範囲かを明示する必要があります。また，監査範
囲をどの程度詳しく明示するかについては，その監査範囲に含まれる各検
証目的に対する監査方法を明確に記載することができる程度に詳しく，具
体的に記載することによって内部監査人にとって使いやすい個別監査計
画，および監査プログラムとなります。

　②については，要求されるアシュアランス水準によって必要とされる監
査方法が違ってくるため，各々の監査で要求されるアシュアランス水準を
明示しておく必要があります。例えば中水準のアシュアランスを要求され
ているなら分析的手続を中心とした検証で終わるかもしれません。また，
高水準のアシュアランスが要求されるなら分析的手続に加えて詳細な手続
が要求されるでしょうし，信頼性との関係から抽出するサンプル数が変
わったり，抽出方法が変わることもあり得ます。したがって，規格適合監
査と業務監査，各々に求められるアシュアランス水準を明確にしておく必
要があります。またその水準を①の場合と同様に，監査方法との対応づけ
が明確にできる程度に具体的に個別監査計画に記載することになります。

　③は，規格適合監査と業務監査，各々の監査目的，監査目標を，監査範

囲，アシュアランス水準と関係づけて明示することの重要性をいっており，この明示により，内部監査人は監査範囲，アシュアランス水準の妥当性について適切に理解することができます。とりわけ複数の内部監査人が共同して監査を行う場合には，この理解の共有が一層重要なものとなります。

④は上記の①～③を踏まえて，監査の目的，目標，アシュアランス水準，監査の範囲に適合した監査の方法・手続を個別監査計画書や監査プログラムに明示することを意味します。

以上のように，監査の目的，目標，アシュアランス水準，監査の範囲，監査の方法・手続を個別監査計画に体系的に明示し，内部監査人が共有することにより規格適合監査と業務監査をあわせた複合的な内部監査を効果的，効率的に行うことができます。

❷ 監査結果の一部を活用する場合

規格適合監査と業務監査を複合的には実施しませんが，例えば規格適合監査の結果を業務監査に活用することや，反対に業務監査の結果を規格適合監査に活用することによって監査の効率化を図ることも考えられます。このように他の内部監査の結果を活用しようと考えた場合は，実際に監査結果の活用が可能か，次の諸点などについて検討を行い，活用できる範囲や方法を判断し，個別監査計画に組み込むことになります。

- 監査の目的，目標
- 監査の範囲
- 監査の方法
- 結論の合理性
- 監査に対する管理状況（同監査に対する内部による品質評価の継続的モニタリングが実施されていた場合はそのモニタリング結果も参照）

以上を検討した上で適切と判断される場合は，他の監査の結果を活用することが効率的な監査の実施という観点から有益といえます。なお，他のモニタリング活動の結果を利用する場合の規準は「IIA基準」2050および「解釈指針」に定められていますので適合する必要があります。　　　（吉武）

Q34

企画，法務，人事，経理，総務などの管理部門に対する監査の計画および実施について教えてください。私は，担当領域について専門的な知識，技術，経験を備えている管理部門に対してどこまで，有効な内部監査が可能であるか疑問を感じています。管理部門からの反発もあるでしょうし，監査の実施自体をためらっています。また，内部監査による指摘や改善提案は，翻ってみれば，管理についての規定やプロセスを承認した経営トップの判断の不足や不備を認めることであり，経営トップの判断に対する批判にもつながりかねないとも思います。内部監査として，どうあるべきなのかを教えてください。

A

　管理部門に対する内部監査についてですが，管理部門の外から独立にして客観的に監査を行う内部監査は管理部門にとっても組織体にとっても有意義なことですし，内部監査による適切な指摘や改善提案は経営批判にはつながりません。

　以下で詳しく説明していきます。

1. 管理部門に対する内部監査の意義

　担当領域について専門的な知識，技能，経験を備えている管理部門に対して有効な内部監査がどの程度可能であるかは多くの内部監査人がもつ疑問です。

　しかしながら，管理部門に対して内部監査を行うことは次の2点から有意義です。

　1つ目は，管理部門の中からではなく，外からだからこそ見えるものがあるということです。ガバナンスの領域においても社外取締役や社外監査役の必要性が訴えられていますが，これはたとえ彼らがその会社に関する知識を社内の役員程度は保有していなくとも，外の目で見ていただくこと

の意義があるからです。確かに管理部門は専門的な知識を保有して日々業務に取り組んでいるかもしれませんが，自分の部署の業務に注力するあまり，全社的な視点からの評価，検証が不十分になっているかもしれません。また，人間は自分への評価は甘くなる傾向があり，とりわけ自分が一生懸命に取り組んだ事項や成果物に対する評価は甘くなる傾向があります。その意味で独立的な立場から客観的な監査を行う内部監査は有意義なものといえます。

2つ目は，課題や問題の解決のために複数部署間での調整が必要な場合です。このような場合で関係部署間の利害が絡んで協議が進まないときに，独立にして客観的な立場から内部監査が評価し，意見を述べたり提案を行うことは課題解決のために意義のあることだと考えます。

2. 管理部門に対する内部監査の方法

まず大事なことは専門的知識がある管理部門の話をよく聞き，監査対象をできるだけ把握することに努めることです。また，彼らの話を聞くだけでは十分に理解することが困難な場合は，監査対象についての専門的な知識，技能や経験等を保有する社内の有識者，あるいは社外の専門家の支援を仰ぐことが必要です。

次に監査対象を把握する方法ですが，監査対象の全体像を把握することからはじめ，次にリスクが大きいと思われる箇所の深堀をしていくことが効率的です。監査対象の全体像を把握する方法としては，例えば内部統制やロジカル・シンキングのフレームワークに沿って監査対象を認識していくことが考えられます。COSO内部統制のフレームワークに沿って監査対象を把握することや，システムや情報のライフサイクルに沿って監査対象を把握することも考えられます。さらには業務フロー図に沿って業務を理解し，各プロセスに存在するリスクを識別していく方法も考えられます。この場合は，内部統制報告制度（J-SOX）と同様に，いわゆる3点セット（業務フロー図，業務記述書，リスク・コントロール・マトリクス）を活用

することも考えられます。

　次に大事なことは「あるべき姿」あるいは評価規準を予備調査が終了し，本調査を始める前に被監査部署と同意しておくことが重要になります。この「あるべき姿」を被監査部署と同意しておけば，本調査では，「あるべき姿」に対して現状はどうかの検証・評価を行うことになります。本調査実施後，発見事項も出てきてから「あるべき姿」についての話し合いを行うと，被監査部署は発見事項を踏まえて話をするので，「あるべき姿」について被監査部署の同意が得られにくい状況が発生する可能性があります。ただし，本調査前に被監査部署と同意した「あるべき姿」であっても，本調査を実施していく過程で「あるべき姿」の修正が必要と内部監査人が判断したときは，速やかに被監査部署と話し合う必要があります。

　管理部門は専門性は高いのですが日々の業務に追われて全社的観点から「あるべき姿」を考えることが後回しになっている場合があり，そのような場合，内部監査が全社的観点から「あるべき姿」を管理部門に投げかけることは，彼らの業務遂行上大変有益なものとなります。

　なお，現状と「あるべき姿」の乖離が大きく乖離解消に時間を要すると見込まれるような場合は，ベスト・プラクティスとしての「あるべき姿」と，ミニマム・スタンダードとしての「必須の基準」を被監査部署と協議することもあります。この場合，「あるべき姿」に達するまでのロード・マップについても話し合うことが重要です。

　最後に重要なことは，自らの行った監査の資料，個別監査計画，監査プログラム，監査メモ等を監査調書として適切に保存しておくことです。これらの監査調書は被監査部署の是正・改善状況をフォローしていくのに有益なほか，次回の監査にも役立ちます。個別の内部監査を始めるに際し，前回の内部監査の監査調書があれば活用すべきであることはいうまでもありません。

3. 指摘や提案は経営批判ではない

　内部監査による指摘や改善提案は，管理についての規定やプロセスを承認した経営トップの判断の不足や不備を認めることとなり，経営トップの判断に対する批判にもつながりかねないという懸念ですが，これは経営批判になりません。

　これについては，PDCAの回転（あるいは仮説と検証）の視点と，内部監査は経営のために（あるいは経営陣を代行して）行うものとの視点から考えることが必要です。

　PDCA，あるいは仮説と検証をいう言葉があるように，計画策定時点では合理的な判断や決定をしたものであっても実際にやってみて初めてわかることもあります。そういう観点からは，経営陣は自らが承認した規定等が運用後，実際に機能しているかどうか監視し，必要に応じて改善していく責任があります。経営陣はこの責任を果たすために，自らに成り代わって内部監査に監査するように委託しているのです。したがって，指摘や提案することは経営陣を支援している行為であり，批判しているわけではないのです。内部監査の使命や役割に立ち返って考えていただくとよいと思います。

（吉武）

Q35 リスクベースの監査実施にあたり，固有リスク洗い出し⇒被監査部署の統制状況確認⇒残余リスク抽出・評価⇒監査シナリオ作成のステップに基づいた事前準備プロセスを検討しています。被監査部署の統制状況を事前にどう確認するか，および残余リスク評価にあたってどういう点に留意すればよいかについて教えてください。

A

統制状況の確認，残余リスクの評価を適切に行うためには，固有リスクの適切な識別，分析，評価が前提となります。この固有リスクの適切な識別，分析，評価に対応して統制状況を確認し，残余リスクを評価していきます。

1. 固有リスクの識別，分析，評価
❶ 固有リスクの識別

事前に固有リスクの識別を行う際は，内部統制やロジカルシンキングのフレームワークに沿って行うのが効率的です。例えば全社的リスク・マネジメントの監査では外部環境，内部環境に分けてリスクを識別していく方法がありますし，情報管理や情報システムの監査では，情報やシステムのライフ・サイクルに沿って固有リスクを識別していく方法があります。また，内部統制報告制度でも紹介されているように，業務フロー図を作成し，業務フローに沿ってリスクを識別していく方法もあります。

リスクを識別する手段としては，被監査部署や関連部署へのヒアリング，業務施策や業務手続書のレビュー，過去の苦情や事故等の報告書や以前に行った監査報告書等の通読によって，フレームワークのカテゴリーや業務フローの局面ごとに固有リスクを識別していきます。

❷ 固有リスクの分析

次に固有リスクを分析する場合，例えば影響度と発生頻度の視点から分析していくことも有意義です。影響度は大きくないが頻繁に発生するリス

ク（通常，日々の統制活動で対応する）とあまり発生しないが発生すると影響度が大きいリスク（保険等で対応）では，リスクへの対応方法が違うからです。

また，リスクの発生速度やリスクが顕在化した場合にどのくらい長期にわたり影響があるかの観点から分析することも有益です。

❸ 固有リスクの評価

そして，影響度と発生頻度を踏まえて固有リスクを評価します。なお，評価は金額的な換算が必要な場合や効率的に算出可能な場合は金額的評価を行いますが，そうでない場合は5段階評価等の相対的評価で行うことも可能です。

2. 統制状況の事前確認

統制状況についても，固有リスクと識別と同様にヒアリング，文書レビューや通読等によって行います。統制状況については統制環境と統制活動に分けて統制状況の事前確認を行うことが効率的です。統制環境は経営陣へのヒアリングのほか，取締役会議事録等により事前の確認を行います。統制活動については，組織的統制，人的統制，技術的統制，物理的統制といった統制の方法（次項の図を参照のこと）で識別し，さらにそれらの統制活動は予防的な統制か発見的な統制かの統制の性質についても把握しておくことが必要です。なぜなら，望ましくない悪い事象を発生させないための予防的統制と望ましくない悪い事象を適切に発見するための発見的統制では，統制実施後の残余リスクの大きさが異なるため，予防的統制が発見的統制なのか，統制の性質を把握しておく必要があります。

【統制活動の方法別分類】

統制活動の方法	具体例
組織的統制	方針，規程，手順書，等 委員会，最高管理責任者，管理責任者（各部長），管理委員，等 連絡網，安否確認手段の規定，等
人的統制	周知徹底，教育，同意書の徴収， メンタル・ケア，懲戒規定，等 業務委託先管理，等
技術的統制	ID，パスワード管理，生体認証，暗号化，ファイアウォール，不正探知・防止，ログ収集・保存・分析，等 冗長性整備（ミラーリング，バックアップ），等
物理的統制	耐震・耐火・耐水構造，空調設備，電源・回線設備，入退室管理，監視設備，等 モバイルPC等の固定，施錠場所への管理，等

3. 残余リスクの事前評価

　残余リスクは，固有リスクに対して統制を加えた後も残っているリスクですが，事前評価の段階で残余リスクを正確に評価することは，一部の場合を除いて通常は困難です。なぜなら統制活動の有効性は，整備状況と運用状況の両面から検証されなければなりませんが，事前評価の段階では，整備状況についてはかなりの程度評価できても，運用状況については運用に係るインタビューや運用実績記録閲覧等を除いては評価する術があまりないからです。

　しかしながら，事前評価の段階で残余リスクについてある程度の推定を行うことは，監査シナリオを仮作成し，本調査を行うための監査プログラム（監査手続書）を策定する上で有益です。

　例えば，事前評価において統制活動が識別されなかった場合や固有リスクに対して明らかに統制活動が不足しているような場合は，残余リスクが組織体にとっての許容リスクを超えていることが容易に推察できます。この場合は，この事前評価を踏まえて，本調査における中心的課題が統制不足に至った原因，統制不足による影響度，統制強化策に関する監査になっ

ていくように監査プログラムを策定していくこととなります。

　一方，事前評価では統制活動が適切にして十分に整備されていると判断される場合は，その統制活動が設計されたとおりに機能しているか，あるいは規定されたとおりに遵守されているかが監査の中心となるように監査プログラムを策定することになります。

　このように事前評価に基づき，残余リスクを仮に推定することは効果的・効率的に監査を行う上で有益といえます。ただし，これはあくまで仮の推定であり，真の残余リスク評価は本調査の結果に基づき行うべきものです。また，監査プログラムは仮の残余リスク評価に基づき策定されたものですから，本調査の実施中に想定した仮の残余リスクが違っていたと判断される場合は，監査プログラムの修正についても検討する必要があります。

〔吉武〕

Q36
往査後の現地での講評会において、被監査部署に監査結果を報告し、相互の認識に違いがないかを確かめます。その際、後日行う内部監査部門内での討議等を勘案した場合、指摘事項の有無や内容等、どこまで詳細に述べればよいでしょうか。

A

講評会では、監査実施チームはその時点までに自らが下した結論について率直に述べ、被監査部署と意見交換をすることをお勧めします。ただし、後日開催される内部監査部門内での討議により結論が修正される可能性があることも講評会で伝え、仮に修正が発生した場合は遅滞なく、修正の根拠も含めて被監査部署に伝えることが必要です。

1. 講評会において伝えるべきこと

現地での講評会において必ず行わなければならないことはご質問のとおり相互認識の違いがないかを確かめることであり、これにより事実の確認を行います。

次に、監査チームは監査により認識した事実と「あるべき姿」や評価規準の差異を評価し、指摘事項を含めた仮の監査結果を被監査部署に伝えることになります。

被監査部署にしてみれば、監査結果については早く知りたいという思いが生じていることでしょうし、監査終了直後の被監査部署の関心の高いときにできるだけ指摘事項等を伝えることで被監査部署による早期是正が期待でき監査の効果も上がりやすいこともあります。

2. 講評会に係る工夫

一方、後日行われるこの監査に関する内部監査部門内での討議で、監査チームが現地で伝えた監査結果が変更される可能性を考えると、監査チームとしては、よほど明確な指摘事項等に限定して監査結果を伝えたい気持

ちになることもあり得ます。

そうしたジレンマを踏まえて,監査チームは現地の講評会で,どの程度監査結果を伝えるべきか,またその際の注意点は何かについて以下で説明していきます。

監査チームの現地での指摘事項や評価に関して,後日行う内部監査部門内での討議で議論される可能性があるのは次の事項です。

① 確認した事実を評価する規準となる「あるべき姿」の適切性
② 指摘事項としての妥当性
③ 指摘事項あるいは発見事項がないとしたことの監査証拠の十分性・適切性
④ 指摘事項の組織体に与える影響度
⑤ 評定を行っている場合の評定の妥当性が考えられます。

❶ 確認した事実を評価する規準となる「あるべき姿」の適切性

まずこの規準は監査の評価の基となるものであり,被監査部署に評価の規準を話さなければ,指摘事項の根拠が示されないことになります。したがって評価規準は現地で話すべきであり,そのために監査チームもこの規準については,講評会前に内部監査部門内で適時にあらかじめ協議しておくことが望ましいです。予備調査を踏まえて作成する監査プログラム(評価規準も含まれる)について内部監査部門内で承認を得ているなら,自信をもって現地で評価規準について話すことができます。とりわけベスト・プラクティスとミニマム・スタンダードの2つの規準で評価する際には,どの水準をもってミニマム・スタンダードとするかが難しく,本調査前に使用するミニマム・スタンダードについて内部監査部門内で一応の承認を得ておくことが望ましいです。

❷ 指摘事項としての妥当性

監査証拠の適切性・十分性の観点と,指摘事項に該当する事項なのかの観点との2つの点から監査チーム内で十分に検討した上で妥当と判断したことは現地で伝達すべきだと考えます。一方,指摘事項になるか否かの判

断に迷う場合は，判断に迷う理由を現地で述べて，内部監査部門に持ち帰り検討した上でその結果を伝達する旨を，現地で述べることが望ましいと考えます。

❸ 指摘事項やあるいは発見事項がないとしたことの監査証拠の十分性・適切性

監査の範囲，深度と関係してきます。対象の全部（全件）を適切な方法で検証し不備が発見できなかった場合は，内部統制が有効との積極的形式のアシュアランス（保証）を述べることができますが，検証が監査対象の一部であった場合（試査の場合）は，検証した範囲では不備は認められなかった等の消極的形式のアシュアランスを提供することになります。現場では，積極的な形式の保証をいうのか，消極的な形式のアシュアランスを主張するのかの根拠を明確にした上でアシュアランスについて話す必要があります。なお，積極的な形式のアシュアランスを提供する場合は，現地では最終的な結論は内部監査部門内での討議等が終了してから伝達する旨を明確に伝えておくことが現実的です。

❹ 指摘事項の組織体に与える影響度

不備や指摘事項の重要度と直接の関係があり，監査の評価に直結してくるものです。影響度については講評会前に被監査部署とよく協議し，認識を共有しておくことが重要です。また影響度については，後日内部監査部門内でも検討される旨を伝えておく必要があると思います。

❺ 評定を行っている場合の評定の妥当性

最後に被監査部署にとっては最も気になる事項の１つです。現地で仮の評定をいうことは可能ですが，評定の根拠を示すことと，他の監査評定も含めた監査評定全体との整合性等から内部監査部門内の検討で評定が変わる可能性があることを現地で明言しておくことが必要です。

3. 講評会に係るよき慣行の確立

以上，講評会で指摘事項の有無や内容等をどこまで詳細に述べるかは，

上記の視点を検討した上で監査チームが判断することになりますが，大事なことは，判断根拠，判断に迷っている事項がある場合はその内容と理由，その他の留意事項についても明確に述べることにあります。その姿勢は被監査部署との信頼関係強化に資することになります。

　また，後日実施される内部監査部門内での議論で評定や結論に変更が生じた場合は，その理由も含めて迅速にかつ適切に被監査部署に報告する必要があります。講評会での内部監査チームのこのような仕事振りが各個別監査で繰り返されると，この慣行が全社的に認知されるようになります。その結果，監査チームは，後日実施される内部監査部門内での討議等を恐れることなく，講評会で結果報告を行えるようになります。そのような慣行の確立に向けて内部監査部門は粘り強く努力していくことが重要と考えます。

（吉武）

第6章 内部監査の技法

Q37
内部監査において、インタビューに際し、相手方が非協力的で恫喝的な態度で接してきた場合、どのように対応するのがよいか教えてください。なお、私は、何かリスクになることを秘めていると考え、より冷静になり粛々とインタビューを進めることが望ましいと考えています。

A

　ご質問のような場合には、相手が非協力的であったり恫喝したりする何らかの理由があるのではないかと疑問をもって対処することが大切です。また、ご質問者が考えるように冷静に対応する必要があります。まず、内部監査人のインタビューの進め方に問題がなかったかどうかを考えればよいと思います。また、最初から非協力的な態度であったのか、どの質問をしたときに非協力的になったのかを考えてみてください。その上で、インタビュー相手の変更、質問内容の変更、監査手続の変更（ドキュメント調査への変更など）、内部監査人の変更などの対処をするとよいでしょう。

1. インタビュー手続の変更
❶ インタビュー相手の変更
　インタビュー相手によっては、監査に対するアレルギーのある人かもしれません。担当者が複数いる場合には、別の担当者にインタビューするとよいと思います。また、相手が管理者の場合には、その上司の方にインタビューしてもよいと思います。相手が本社の場合には、支店や営業所の担当者に話を聞いてもよいでしょう。このように状況に応じてインタビュー相手を変えることも大切です。

❷ 質問内容の変更
　質問内容が適切でないために相手が非協力的になったようでしたら、質問内容を変更してみます。場合によっては、相手が怒りだした質問内容を省略してしまう方法もあります。

❸ インタビュー時期の変更

　相手が冷静になるまで時間をおいてからインタビューする方法もあります。内部監査に対して誤解をしているような場合（例えば，監査は指摘することが目的であるというように誤解をしている場合）には，内部監査の目的を説明して，内部監査に協力するように納得してもらうとよいでしょう。しかし，監査そのものに抵抗感がある者に対しては，あまり効果がないと考えられますので，インタビュー相手の変更など別の方法をとるとよいと思います。

❹ やってはいけないこと

　非協力的で恫喝するような相手に対しては，自分も感情的になりその場で議論したり，追及したりしないようにします。時間をかけても有益な情報を得られない可能性が高いからです。また，内部監査人が不用意な発言をして，それが問題になる可能性もあります。冷静な態度で対処するのが賢明な方法です。

2. 非協力的な原因の追及

❶ 非協力的になった質問

　相手が非協力的な態度をとる原因がどこにあるのかを分析する必要があります。相手が非協力的な態度で接してきたり，恫喝したりすることには必ずその原因があります。特にインタビューの途中から態度を変えるような場合には，そのきっかけとなった質問を振り返ってみるとよいと思います。その質問が，相手が触れてもらいたくない状況を暴き出すものになっているからです。ご質問者が「何かリスクになることを秘めている」と考えるのは，内部監査人として正しい判断だと思います。

❷ 非協力的になった質問

　相手が最初から非協力的な場合には，どこに原因があるのかを探すのに骨が折れます。このような場合には，相手が担当している業務を確認するとよいでしょう。また，監査目的を再確認してもよいでしょう。会計監査

なのか，業務監査なのかによって，相手が何を気にしているのかがわかります。テーマ監査（ファームバンキングの運用状況，リベートや交際費の管理状況など）であれば，そのテーマに関する業務に問題点があると考えます。

❸ 相手の人柄

従業員の中には，横柄な態度や乱暴な言葉遣いの人もいるかもしれません。このような場合には，特に業務上の問題がないかもしれませんが，その人柄によって，職場の風土に様々な問題が生じている可能性があります。被監査部署の他の担当者や管理者に職場の問題が発生していないかどうかを確かめる必要があります。

3. 非協力的な業務の分析

非協力的で恫喝した人が担当している業務は，何でしょうか。現金，金券，購買業務の担当者でしょうか。取引先との付き合いに関する質問をしたときに恫喝されたのでしょうか。現金，金券に関しては不正が発生しやすい業務ですし，購買業務は取引先との公正な関係が求められます。このような業務の場合には，内部監査人は注意して業務プロセスや体制を分析し，リスクに対するコントロールが適切に整備され運用されているかどうかを確かめる必要があります。

4. その他の対応策
❶ 他の監査技法の適用

内部監査人は，相手が非協力的なので監査ができないと嘆くだけではなく，以上のような柔軟な対応をすることが大切です。また，他の監査技法を適用することも考えるとよいでしょう。

例えば，リスクがあると考えた業務に関する資料，帳票，台帳等をレビューして，問題点を発見することも大切です。インタビューは，そもそも業務の実施状況を把握するために行うものであり，仕事の流れを確認す

るために行います。つまり，監査で深掘りする領域を明らかにするために行う監査技法と考えてください。したがって，相手が非協力で恫喝したりした業務については，問題がある可能性が高いので文書等のレビューを慎重に行う必要がある領域だともいえます。

相手が非協力的な態度をとったり，恫喝したりするということは，相手が「ここに問題点がありますよ！」といってくれているようなものです。内部監査人にとっては，監査を進める上で有益なことだと捉えて監査を実施する必要があります。

❷ 監査への協力義務の説明

内部監査規程で内部監査に協力しなければならないことが定められていると思います。相手が非協力的な態度で恫喝してきた場合には，内部監査規程で協力義務が定められていることを相手に説明する必要があります。

また，内部監査は，指摘をすることを目的としているのではなく，監査を通じて経営改善や業務改善に貢献し，「組織体の運営に関して価値を付加する」ものであることを説明すると，協力的になるかもしれません。

❸ 監査報告書への記載

非協力的な態度や恫喝があまりに激しい場合には，その事実を監査報告書に記載するという方法をとることができます。相手が，いつ，どのような態度をとったのかなどを詳細に記録しておくことも必要です。監査調書に記録を残して，内部監査部門長の判断を仰ぎながら監査報告書に記載するとよいでしょう。

（島田）

Q38 証憑書類の偽造を見破る方法について教えてください。最近，本物と見分けがつかないくらい精度の高い印刷をする専門の印刷会社があると聞いています。そのような印刷物を見分けるポイントはあるでしょうか。また，預金残高を確認する際，預金通帳のない，Web 通帳では，どのように確認するのがよいでしょうか。

A

　IT 化の進展に伴って，管理帳票だけではなく，各種証憑の電子化が進んでいます。電子化が進むとご質問のような問題が発生します。監査では，紙の証憑書類であっても 100％信頼するのではなく，専門職としての懐疑心をもってその信頼性を確かめることが大切です。具体的には，当該証憑書類の記載内容に不自然な点はないか，他の証憑書類と突合して不自然な点はないか，また，電子化された過程をチェックして問題点がないかなどを確かめるとよいと思います。

　なお，預金残高については，残高証明書を入手して確認する方法のほかに，内部監査人の立会いのもとで，Web 通帳の残高を確かめる方法もあります。この際に不審な操作が行われていないかどうかチェックすることも忘れてはなりません。

1. 証憑書類の意義

　証憑書類は，監査判断を形成する際に重要な監査証拠となるものです。監査証拠には，口頭，文書，視察の結果など様々なものがありますが，この中でも証憑書類は証拠能力（証拠としての裏づけの強さ）が高いものです。特に，第三者が作成したものは，組織内で作成した文書等に比較して証拠能力が高いとされています。

　しかし，ご質問のように印刷能力の向上や電子データ化によって，偽造されるリスクも高まっています。偽造には，金額や取引先を改変したり，日付を改変したりするほかに，架空取引の証憑書類が作成されることもあ

ります。正しくない証憑書類に基づいて，監査判断（適切に処理されている，あるいは適切に処理されていないという判断）を行ってしまうと，誤った監査結果になってしまいます。したがって，証憑書類の適正性の確保は，監査判断を行う前提として非常に重要であることを認識しておかなければなりません。

2. 印刷物の真偽の見分け方
❶ 内容の不備

偽の証憑書類を作成する方法として，性能の高いコピー機を使って証憑をコピーする方法が考えられます。画像データを張りつけたりすることも可能です。日付，取引先名，金額などの改変が考えられますので，証憑書類の内容を十分に確認しなければなりません。

確認のポイントとしては，例えば，次のような点が考えられます。
- 日付が営業日かどうか（土曜日や日曜日ではないか）
- 取引先は，通常取引のあるものか
- 印刷のずれがないか（画像のコピーの場合に微妙にずれている可能性があります）
- 印影が適切か
- 金額に不自然さがないか
- 領収書や納品書のただし書きや明細と合計金額の整合が取れているか

❷ 他の証憑書類との整合性

他の証憑書類と比較して，不審な点がないか確かめることも大切です。偽物を見つけるためには，複数の証憑書類を比較する方法が有効です。まったく同じ内容の証憑書類が存在しないかどうかを確かめます。金額は違うが，その他の内容はまったく同じという証憑書類がある場合には，コピーを悪用して偽の証憑書類を作成している可能性が考えられます。

証憑書類の偽造は，サンプリングだけで見つけることは難しいともいます。巧妙に偽造された証憑書類を1件だけを見ても問題点を発見すること

は容易ではありません。インタビューや管理資料・管理画面をチェックしていて疑義がある場合には，1か月分～3か月分の証憑書類を精査するといった監査技法を適用する場合もあります。証憑書類は，サンプリングで調べるというように思いこまずに，状況によって別の監査技法をとることが有効な場合もあることを内部監査人は認識しておくとよいでしょう。

❸ 用紙のチェック

用紙に問題がないかどうかをチェックして，偽造を見つける方法もあります。使用している用紙が，他の用紙に比べて，紙質（紙の厚さや光沢など）が異ならないか，紙が他の用紙に比べて新しすぎたり古すぎたりしないか，ということも確かめるとよいと思います。

3. 電子証憑書類の真偽の見分け方

電子証憑書類の真偽を見分ける方法は，紙の証憑書類の場合と異なります。電子証憑書類には，電子化された証憑書類と，電子データに分けることができます。電子化された証憑書類は，元々は紙の証憑書類をスキャナーで読み込んで電子化したものです。例えば，タクシーや飲食店から受領した領収書をスキャナーで読み込んで，電子決裁システムに取り込み，決裁を行うというものです。この場合には，ファイルのプロパティをチェックして，作成日と電子化された証憑書類の日付の間に不整合がないか確かめます。また，原本を取引の発生源である事業所や部門で保管している場合には，原本を入手して，原本と照らし合わせて内容を確認してもよいと思います。

一方，電子データの場合には，データの作成プロセスを確認する必要があります。誰が，いつ，どのような方法で電子データを入手したのかを確かめます。また，当該電子データが改ざんされないような仕組みがあるかどうかについても確かめます。それでも疑問がある場合には，内部監査人立会いの下でデータを入手してもよいと思います。電子データの入手では，対象となるデータが適切に入手されていない可能性もあるので，データの

入手条件（年月日，部門，勘定科目など）が適切に設定されているかどうかについても確かめる必要があります。

4. 証憑書類の偽造が行われる環境か

　証憑書類を偽造するためには，偽造が行われるような環境やプロセスになっていないかどうかを確かめる必要があります。証憑書類の偽造を見抜く監査技法を身につけるよりも，重要なことです。具体的には，偽造されるような統制環境かどうか，偽造リスクを評価して，適切なコントロールが構築され運用されているか，管理者がチェックする仕組みがあるか，コントロールがシステム化されているか，などの視点から監査を実施するとよいと思います。

　つまり，内部監査人は，証憑書類を取り扱うプロセスに問題がないかどうか（偽造が生まれるようなリスクはないかチェックすること）を確かめた上で，証票書類の偽造について監査を実施することが大切です。

（島田）

Q39 監査対象項目数が多い場合，試査により監査を行います。適切なサンプリングの手法を教えてください。特に，適切なサンプル抽出数をどのように判断すべきかを教えてください。

A

　試査は，監査対象件数が多く，すべての案件について監査を実施することが難しい場合に，母集団から一定の条件で抽出して，抽出した案件を調べる手法です。社内規程やマニュアルに従って処理が行われているか，つまりチェックなどのコントロールが定められたとおりに実施されているかどうかを確かめる際に有効な監査技法です。サンプリングでは，サンプリングの対象となる母集団が適切であること，サンプリングの方法が恣意的にならないようにすることが重要です。

1. 試査の意義

　試査については，「監査の対象となる母集団から一部の項目を抽出して監査を実施すること。巨大な企業を相手にすべての会計処理を1つひとつチェックすること（精査）はできないため，公認会計士監査は，原則として試査に基づくこととされている。」と説明しています[*]。また，「『監査上どこにリスクがあるか』を考慮した上で，サンプリング等の方法で抽出した部分をチェックしているのである。公認会計士はリスクと効率性を考慮して試査の範囲やサンプル数，実施時期等を決定し，計画的に監査を実行しているのである。」としています。

　監査対象期間のすべての案件について，処理が適切に行われているかどうかを確かめることが理想ですが，現実にはそれができません。つまり，監査リソース（内部監査人の人数，期間）に制約があるために，試査を行うことを理解しておく必要があります。

---

[*] 日本公認会計士協会『分かりやすい「会計・監査用語解説集」』〈http://www.hp.jicpa.or.jp/ippan/cpainfo/ke_word/index.html〉

なお，内部監査では，社内規程や業務マニュアル通りに処理が実施されているかどうか（準拠性）を確かめるだけではなく，効率的に業務が実施されているか（効率性），顧客から見て問題はないかなどの視点から監査を実施します。これらを確かめるためには，サンプリングでは対応できないことを理解しておく必要があります。

2. サンプリングの進め方

❶ 監査目的への適合性

サンプリングは，準拠性の監査を行う場合に適した手法なので，監査目的が準拠性の監査になっているかどうかを確認する必要があります。監査目的によっては，1か月分の案件すべてを対象にして処理状況を精査する監査技法をとる場合があります。

例えば，記載内容にバラツキがないか，同様の事象が発生していないか，などを確かめる場合があります。このような場合には，1か月分の証憑書類を丹念に読み込むことが重要です。全数調査，悉皆調査といわれている監査のことです。

❷ 母集団の決定

監査対象期間，つまり〇〇年〇〇月分を対象にして監査を実施するのか，あるいは〇〇年度分を対象に監査を実施するのかを決定します。監査対象期間は，個別監査実施計画で決められているので，個別監査実施計画に従って，サンプリングの対象とする母集団を決定します。また，母集団を決定したら，対象となるデータをもれなく収集する必要があります。

管理台帳が作成されている場合には，それにすべての案件が記載されていることを確認した上で，サンプリングの母集団にします。仕訳データ（仕訳帳）や固定資産マスタなどを利用する場合には，正しくデータが作成されているかどうかを確かめた上で，母集団とします。

❸ 母集団の階層化

母集団から直接サンプリングする方法もありますが，母集団が大きい場

合には，金額等で階層化してからサンプリングを行うとよいでしょう。

❹ サンプリング

サンプリングには，下表に示すような方法があります。

【サンプリング方法（例）】

手　法	内　容
無作為抽出 （ランダム サンプリング）	乱数表を用いたり，乱数を発生させたりして抽出する方法です。監査人が思いついた取引を抽出する方法だと，監査人の癖によって取引が偏ってしまう可能性があります。これに対して，伝票番号や報告番号の中から，乱数に一致するものを抽出する方法を利用する無作為抽出法の場合には，恣意性がなくなるというメリットがあります。
系統サンプリング	母集団を一列に並べて，同じ間隔で飛び飛びに取引を抽出する方法です。具体的には，母集団をサンプル数で除して，サンプリングを何件おきに抽出するかを決めます（サンプル間隔）。サンプル間隔が 100 であれば，最初の 100 件の中から 1 件のサンプルを決め，その後は 100 件ごとにサンプルをとる方法です。最初のサンプルの決定を乱数で行えば，恣意性がなくなります。
層別サンプリング	母集団の中で，質が異なったグループに分けられるときに，すべてのグループからサンプリングして，全体の偏りをなくす抽出の方法です。大規模事業所，中規模事業所，小規模事業所のようにグループ分けをして，それぞれのグループからまんべんなく抽出する方法です。

出所：丸山健夫『ビギナーに役立つ統計学のワンポイントレッスン』日科技連出版社，2008 年，pp.52-57 に加筆修正して作成。

3. サンプル抽出数

　内部統制の有効性評価では，次頁の表に示すコントロールの頻度によって，サンプル抽出数を決定しています。内部監査でサンプル数を決定する時の参考になります。

【サンプル抽出数】

統制のタイプ	実施頻度	サンプル抽出数
マニュアル統制	1日に何度も	25
	日次	25
	週次	5
	月次	2
	四半期ごと	2
	年次	1
自動化された統制	コントロールごとに1つのアプリケーションシステムをテスト	

出所：優成監査法人『内部統制プロジェクト実務ハンドブック』，白桃書房，2008年，p.62を一部修正。

4. CAATとの関係

　CAAT（コンピュータ利用監査技法）（詳細はQ42参照）のツールの1つである監査ソフトには，サンプリング機能があります。監査ソフトでは，どのような操作を行ったのかを履歴として残すことができるので，サンプリングの過程の適切性を確認することもできます。

　監査ソフトを導入しなくても，表計算ソフトの関数を用いれば，無作為抽出を行うことができます。金融商品取引法で求められている内部統制の有効性評価において，評価対象の取引を抽出する際に，表計算ソフトの関数で乱数を発生させてそれを利用してサンプリングを行っている企業もあります。

5. サンプリングの留意点

　サンプリングは，前述のようにコントロールが定められたとおり実施されているかどうかを確かめる時に監査する対象の案件を抽出するために用いられます。つまり，サンプリングで監査が終わるのではなく，サンプリングは監査の始まりです。抽出した案件について，証憑書類をどのように調べるのか，関係者にどのようなインタビューを行うのか，などが重要であることを忘れてはなりません。

（島田）

Q40
内部監査部門では，往査に向かう前に被監査部署に対し，管理項目について自己チェックをしてもらっています。しかし，自己チェックにおいては「概ねできている」旨の回答が多くを占め，往査時に自己チェックとのギャップに直面することも少なくありません。自己チェックなので仕方のない部分はありますが，正直に実態を回答してもらうためのアイデアや事例があれば教えてください。

A

　自己チェックは，監査を効率的に実施する上で有効な方法です。ご質問の組織体では，よい取り組みを行っていると思います。しかし，ご質問のように自己チェックの信頼性の確保が重要になります。自己チェックの信頼性を高めるためには，管理項目について，実施状況を○×あるいは，自由記入のような形式で回答させるだけではなく，その根拠となる証憑文書のコピーを提出させるとよいと思います。また，管理項目の実施日・実施場所・実施者・実施内容などを具体的に記述させるような工夫が必要です。さらに，クロスチェックをさせたり，3つのディフェンス・ラインのうちの第2のディフェンス・ラインである管理部門にチェックさせたりする方法も有効です。

1. 自己チェックの意義

　自己チェックは，自らが実施している業務を自分自身でチェックする方法です。このような自己チェックは，日常業務を遂行する上で，業務マニュアルやチェックリストに基づいて，処理のもれや誤りがないかどうかを点検するために行われています。ご質問のような内部監査で行われる自己チェックは，日常の業務とは切り離して，毎月，四半期ごと，半期ごと，年度ごとのタイミングで，一定期間に実施した業務内容が規程やマニュアルにしたがって行われているかどうかを自らがチェックするものです。

業務を適切に実施するためにこのような取り組みは大切ですが，内部監査部門のように執行部門から独立した組織体内の第三者が実施する方法に比べて，自分自身で実施した業務内容を点検するのは，独立性や客観性が確保されていないという弱点があります。

つまり，自己チェックでは，チェックが甘くなり，この程度であれば問題ないというように適切な評価が行えない可能性が高くなります。また，マニュアル通りに業務を行っていないことを発見しても，自己チェックの報告書にその事実を記載しないことも考えられます。

しかし，監査リソースには制約があり，すべての業務を対象にして監査を実施することは現実には不可能です。組織体全体における業務管理の状況を点検するためには，自己チェックの仕組みが重要になります。情報セキュリティの管理状況や，コンプライアンスの遵守状況を点検するために，自己チェックが広く行われています。自己チェックには，従業員の意識づけ，注意喚起をしたり，自己の業務を再点検したりする上で有益なものです。

2. 自己チェックの方法

❶ 直接法と間接法

自己チェックには，ご質問のように内部監査人が質問票を被監査部署に送付し，被監査部署がそれに実施状況を記入して，内部監査部門に提出する方法（直接法）があります。このほかに，統括部門が作成した質問票に各部門が実施状況を記入して統括部門に提出している質問票を内部監査人が活用する方法（間接法）があります。

直接法の場合には，内部監査人が質問項目を自由に設定できるのに対して，間接法の場合には，内部監査人が質問項目を自由に設定しにくいという特徴があります。

❷ 個人に対するものと組織に対するもの

自己チェックは，被監査部署の所属員個人に対して実施する方法と，被

監査部署の組織全体に対して実施するものに分けられます。個人に対して実施する場合は，例えば，個人情報保護法の個人レベルでの遵守状況を確かめる場合や，情報セキュリティの実施状況を個人レベルで確かめる場合に利用できます。また，組織に対する質問票では，体制やルールの整備状況や周知状況を確かめる時に利用できます。両者を併用して行う方法も有効だと思います。

❸ 具体的な質問項目

　自己チェックでは，適切に実施しているように回答しようという意識が働きやすくなります。誰でも自分自身がきちんと業務を遂行していると他者に見せたがるからです。そこで虚偽の回答がしにくいような質問項目にする必要があります。具体的には，誰が，いつ，どこで，何を，どのような方法で実施しているか回答させるようにします。「はい」，「いいえ」だけで回答できるような質問票では虚偽の回答がしやすいからです。

❹ 裏づけの提出

　質問票には，実施状況の裏づけとなる証憑書類のコピーを添付して提出させるようにすると信頼性が高まります。もちろん，コピーが偽造されるリスクがあることを承知した上で，証憑書類のコピーをチェックすることを忘れてはなりません。

❺ クロスチェック

　自己チェックを自分自身で行わないようにすれば，信頼性も高まります。例えば，統括部門によるチェックや，担当者あるいは他部門にチェックする仕組みを導入してもよいでしょう。ある企業では，当初自分自身でチェックを行っていましたが，クロスチェックを行うことによって信頼性が高まり，統括部門がチェックをすることによってさらに信頼性が高まりました。このような工夫を行うのも有効だといえます。

3. 自己チェック利用の場合の留意点

❶ 統制環境の評価

　自己チェックで本当のことを回答するかどうかは，組織体の統制環境の影響を強く受けるようです。監査での指摘があると，部門あるいは個人の業績評価に影響するといった組織体の場合には，事実を言いにくくなります。統括部門が実施している自己チェックであっても，よくない結果を報告しようという気にならない可能性があるからです。

❷ そのまま監査報告に利用しない

　自己チェックは，予備調査的な性格をもつものであり，自己チェックの結果をそのまま監査報告に利用することは避ける必要があります。内部監査人は，自己チェックの結果で，被監査部署あるいは業務の脆弱な部分を把握し，その領域に対して，さらに深掘りして原因究明を行うことになるからです。

❸ 回答内容の他部署との比較

　自己チェックの信頼性を確かめるために，他部署で実施した結果と比較するとよいと思います。結果が悪過ぎたり良過ぎたりする場合には，何か問題があるかもしれません。

4. 自己チェックのメリット

　自己チェックを監査で利用すると，内部監査人の業務負荷を低減できるだけではなく，往査期間を短縮して対象部門の負荷を低減させることができます。また，自己チェックを利用すれば，監査対象範囲を拡大することが可能になります。このようなメリットを考えて，自己チェックを監査で活用していただきたいと思います。

　　　　　　　　　　　　　　　　　　　　　　　　　　　　（島田）

Q41 内部監査においてCSA（うちアンケート方式）を活用する場合，具体的な進め方（アンケート項目等），留意すべき事項等について教えてください。

A

CSA（Control Self Assessment：統制自己評価）は，統制状況を自己点検する手法で，ワークショップ形式で実施するものとアンケートを使って自己評価する手法があります。CSAを上手に活用することによって，組織体のリスクマネジメントを維持向上することに貢献できます。CSAでは，アンケートに回答しやすいように工夫する必要がありますし，アンケート項目を上手に設定することが重要になります。

コンプライアンス部門や経理部門などの統括部門（「3つのディフェンス・ライン」のうちの第2のディフェンス・ライン）が内部統制やリスクマネジメントの一環として実施しているCSAを利用する場合には，CSAの信頼性が高いか，つまり恣意性を極力排除する方法で実施されていることを確かめてから利用するとよいでしょう。また，内部監査人がアンケートを実施する場合には，次に述べることを参考にして実施するとよいと思います。

1. CSAとは

CSAは，コントロールの状況を自己点検するものであり，ワークショップ形式で行うものと，本質問のようにアンケート方式で行うものがあります。コンプライアンス部門が実施するCSAでは，法令やマニュアルで定められた項目のうち，重要なものを選定してアンケート項目にします。経理部門が実施するCSAの場合には，会計処理に係る項目をアンケート項目にします。

アンケートは，ワープロ文書や表計算ソフトを用いて作成し，メールで各部門に配布して，回答したものを回収します。また，Webシステムを用いてeラーニングで回答させる場合もあります。この方法では，コントロー

ルの実施状況を自らが記入して回答することから，自分自身に都合のよい答えをする可能性があります。

2. CSAのアンケート項目
❶ 業務マニュアルを用いた方法
業務マニュアルのうち重要なコントロール（キーコントロール）を抽出して，アンケート項目にします。例えば，「入力時にダブルチェックをする」ことが業務マニュアルで定められている場合には，「入力時ダブルチェックをしていますか？」というアンケート項目を設定します。回答欄には，「はい」，「いいえ」にチェックできるようにします。

❷ 部門計画を用いた方法
部門計画に今年度の取組項目が記載されていると思いますが，取組項目のうち重要な項目を抽出してアンケート項目にします。例えば，「納期短縮」が部門の課題になっていれば，「納期短縮が実現できましたか？」というアンケート項目を設定します。回答欄には，「はい」，「いいえ」にチェックさせるだけではなく，何日（時間）短縮できたかを記入させる欄を設けるとよいと思います。

❸ 内部監査での指摘事項を用いた方法
今までの内部監査で指摘されている事項を抽出して，アンケート項目を設定する方法があります。例えば，計上科目の誤りが多い場合には，「計上科目の誤りを低減する対策を講じていますか？」というアンケート項目を設定すればよいと思います。また，回答欄には，「はい」，「いいえ」にチェックさせ，「はい」の場合には，対策の内容を具体的に記述させるようにします。

❹ 外部監査での指摘事項を用いた方法
公認会計士の監査や，監督当局の検査，税務調査などで指摘された事項を抽出して，アンケート項目を設定する方法があります。期間対応の誤りや修繕費の処理の指摘が多い場合には，それをアンケート項目にすればよ

いでしょう。

❺ 社内外のトピックスを用いた方法

　サイバーセキュリティの問題が注目を集めていますが，こうしたトピックスを用いてアンケート項目にしてもよいと思います。また，マスコミで取り上げられた同業他社での問題をアンケート項目にする方法もあります。

3. CSAの方法

❶ 個人向けのアンケートと組織向けのアンケート

　アンケートは，個人向けに実施するものと，組織向けに実施するものに整理できます。個人向けのアンケートでは，従業員1人ひとりがどのような意識をもっているか，ポリシーや規程等で定められた事項を実践しているかどうかなどを回答してもらいます。また，組織向けのアンケートでは，所属員に対してどのような指導を実施しているか，教育を実施しているか，その内容はどのようなものか，部門長や管理者などが業務内容のチェックを行っているか，などを回答してもらいます。

　両者の間に乖離がないかどうかを確認することも忘れてはなりません。

❷ 恣意性の排除

　アンケートの恣意性を極力排除するような工夫が必要です。そのためには，次のような工夫をするとよいと思います。

- 組織向けのアンケートについて回答させるときには，実施状況のエビデンス（裏付け資料）のコピーを添付させる。
- 個人向けのアンケートについては，回答結果を直接内部監査部門に送付させたり，匿名で回答させる。

❸ 形骸化などの防止

　アンケート調査の形骸化を防止するために，質問項目を変えることも重要です。また，全社同一の質問項目にするのではなく，担当業務や職位などに応じて質問項目を変えるなどの工夫も必要です。

4. 内部統制の有効性評価との関係

　CSAは，内部統制の有効性評価で行われているコントロールの評価に似ています。そこで，アンケート項目を設定する場合には，これと重複しないようにアンケート項目を設定する必要があります。また，アンケートの実施時期も内部統制の有効性評価の実施時期と重複しないような配慮が必要です。

（島田）

コラム6

内部監査士

　日本内部監査協会により，発足当時より設置された認定資格で，内部監査業務に携わる人々を対象に，その能力向上を図ることを目的として，内部監査の理論・実務についての専門的な研修および修了論文の審査等により認定を行っています。

　研修の後，修了論文を提出し，厳正な審査が行われ「内部監査士」の称号が授与されます。

Q42 内部監査の効率化のために，CAATの活用は有効でしょうか。もし，有効であれば，活用例を教えてください。

A

結論からいえば，大変有効だと思います。CAATというと，監査用のソフトウェアを使ってデータ分析をすることをイメージするかもしれませんが，表計算ソフトウェアを使ってデータ分析する方法もCAATの1つです。ご質問された内部監査人の方も，表計算ソフトウェアを使ってデータ分析をされた経験があるのではないかと思います。活用の方法としては，例えば，修繕費で計上した取引のうち高額な取引を抽出したり，年度末に納品された取引を購買データの中から抽出したりして，当該取引が適切かどうか証憑書類をレビューして確かめたり，関係者にインタビューして確かめたりします。最近ではあまり使われない用語かもしれませんが，EUC（エンドユーザーコンピューティング）を用いて業務システムのデータをダウンロードして，監査対象のデータを抽出して確かめてもよいと思います。

1. CAATとは

CAAT（Computer Assisted Audit Techniques）は，コンピュータ支援監査技法またはコンピュータ利用監査技法と呼ばれています。簡潔にいえば，ITを用いた監査手法であり，IT化の進展とともにその利用が拡大しつつあります。CAATのツールとしては，監査用ソフトウェアのほかに，表計算ソフトウェアなども含まれますので，広い意味では多くの内部監査人がCAATを監査で利用しているといえます。

CAATでは，データの抽出や分析を行うツールのほかに，電子調書システムと呼ばれる監査手続書と監査調書等の機能をもつ内部監査支援ソフト，内部統制の有効性評価に係るソフトなどがあります。

2. CAATの利用状況

❶ CAATの利用状況

　日本内部監査協会の『2014年監査白書』によれば，監査支援ソフトウェアを使用している企業は，1,282社中206社（12.2％）です。2007年が114社（7.9％），2010年が192社（9.5％）であり，CAATの導入企業が増加していることがわかります。しかし，CAATの使用状況は，全体の1割強にとどまっているので，広く利用されているとは言い切れません。ただし，表計算ソフトウェアをCAATに含めれば，大半の内部監査部門で利用していると推測できます。

❷ CAATの用途

　日本内部監査協会の『2014年監査白書』によれば，監査支援ソフトウェアの用途は，下表に示すように，データ解析ツールとして利用しているケースと，監査手続全般の支援ツールとして利用しているケースが多いことがわかります（表の（ ）内は使用している内部監査部門における比率）。

【監査支援ソフトウェア使用の用途】

監査支援ソフトウェア使用の用途	2014年	2010年	2007年
データの解析ツールとして	62社（34.6％）	31社（17.4％）	20社（19.8％）
監査手続全般の支援ツールとして	60社（33.5％）	54社（30.3％）	43社（42.6％）
内部統制評価支援ツールとして	30社（16.8％）	59社（33.1％）	11社（10.9％）
内部監査部門の日常業務管理ツールとして	16社（ 8.9％）	17社（ 9.6％）	13社（12.9％）
継続的モニタリングツールとして	11社（ 6.1％）	13社（ 7.3％）	10社（ 9.9％）

出所：日本内部監査協会『2014年監査白書』

3. CAATの利用事例
❶ 会計データの分析
　CAATの利用事例については，売掛金，買掛金，固定資産の分析といった会計データの分析に関するものが多いのが現状です。例えば，振替訂正データを抽出して，振替訂正の発生が多い部署や担当者，あるいは業務プロセスを発見することが可能です。この原因を究明することによって，振替訂正件数を低減することが可能になります。また，担当者と決裁者が同一の取引がないか，勘定科目と計上部署の関係に問題がないか（例えば，製造部門で販売費が発生するなど）などを分析することができます。また，特定の取引先に取引が集中していないかどうかを分析し，その理由が妥当なものかどうかを確かめるということにも利用できます。このほかに，顧客管理システムなど個人情報を保有する業務システムの利用状況（アクセスログ）を分析して，不正利用の有無を分析することにも使われています。

❷ 業務効率の分析
　CAATといえば財務上や情報セキュリティ上の不正発見を見つけるためのツールとして利用されることが少なくありませんが，業務の効率性や有効性を分析するツールとして利用することができます。例えば，ワークフロー（電子決裁）システムがあれば，そこから決裁データを分析して，1件あたりの処理時間を分析したり，特定の管理者や担当者に業務が集中していないかどうかを分析したりすることができます。また，短時間に多数の案件を決裁していることがわかれば，内容をきちんとチェックした上で決裁していないのではないかという分析もできます。

❸ 利益率の分析
　管理会計システムや案件ごとの利益管理を行うシステムのデータを日々参照している事業所は，売上目標の達成度が高い，または利益率が高いという相関関係をデータ分析によって示すことができれば，それを全事業所に展開するように改善提言することができます。

　CAATの利用は，不正発見のためのツールとして利用するだけではなく，

業務の有効性や効率性を向上させるための改善提言につなげることもできることを認識する必要があります。いずれにしても，監査目的を達成するためにどのようにデータを分析すればよいか考えることが大切です。

❹ 電子調書システムとしての利用

　監査手続全般の支援ツールは，いわゆる電子調書システムのことです。電子調書システムは，データ分析とは異なって，監査手続書がデータとしてソフトウェアに組み込まれています。また，監査結果（指摘事項を含む）を入力し，指摘事項を抽出して監査報告書案を作成することもできます。証憑書類については，電子化したものを監査証拠として監査結果欄に添付して記録することもできます。さらに，フォローアップに関する機能をもち，監査終了後，一定期間経過した時に被監査部署にメールを自動的に送信し，回答を促す機能なども有しています。

　電子調書システムは，会計監査など監査手続が決まっている場合，組織が大きな場合には，有用なツールといえます。大規模な内部監査部門では，監査担当者の監査結果を管理者や監査チームリーダーなどがチェックするプロセスになっていることがありますが，電子調書システムを利用するとチェックした結果を履歴として残すことが可能になります。上手に活用すれば，内部監査業務の効率や品質の向上に活かすことができます。

4. 継続的監査への活用

　CAATを利用することによって，様々なデータを継続的にチェックすることが可能になります。疑義のあるデータを早期発見し，必要に応じてインタビューや往査を実施することによって，原因究明を行い早期是正させることができます。このようにCAATを活用すれば，継続的な監査，リアルタイムでの監査を実現することも可能になります。

　さらに，データ分析にAI（人工知能）の技術を採り入れることによって，さらに高度な分析も可能になり，監査の品質向上につなげることができると思います。

（島田）

Q43

当社は内部監査の一環として，各事業本部のシステムの監査を行っています。しかし，内部監査部門では，システムについてそれほど専門知識がないため，監査チェックリストに基づき，主に社内規定への準拠性監査を行っています。より能率的で価値を生み出すシステム監査にするためには，どのような方策を取ればよいか教えてください。

A

システム監査といっても内部監査部門が実施するシステム監査なので，監査の目的や方法は，IPPF*に準拠して監査を行うことが前提となります。つまり，内部監査で行うシステム監査は"組織体の目標の達成に役立つこと"にあります。また，すべての監査結果は，最高経営者および取締役会に報告する建付けになっています。IIAでは，システム監査も「情報システム監査」として，経営者に報告されますので，経営目線で内部監査を行う必要があります。その一方でシステム監査である以上は，システム管理基準やシステム監査基準も適用した専門性も求められます。ここでは，IPPFに準拠した上で「チェックリスト」を用いたシステム監査の留意点と，「チェックリスト」に頼らないもう一段価値を高めたシステム監査を紹介します。

1. まずは，現状の自社「システム」を俯瞰する

企業では小規模なシステムから社外の顧客も使う大規模なシステムを使用しています。社内システムを可視化して，どのシステムを監査するか決定しなくてはなりません。まず自社の"システムマップ"を情報システム部門と共同で作成します。そしてそれぞれのシステムについてリスク評価を行います。リスク内容は，システムの特性や目的によって異なりますが，

---

* 「IIA基準」では，以下のように規定しています。
□ 2020.A2 内部監査部門は以下に関わる組織体のガバナンス，業務および情報システムに関するリスク・エクスポージャー（リスクに暴かれている度合い）を評価しなければならない。
□ 2130.A1 内部監査部門は以下に関わる組織体のガバナンス，業務および情報システムにおけるリスクに対応するように，コントロール手段の妥当性と有効性について評価しなければならない。

例えばユーザー数が多いシステム，システムダウンした場合に影響力が高いシステムなどをハイリスクとして評価します。これは，監査を行うシステムの優先順位づけとなります。

2. チェックリストの活用

「システム監査」を単独で考えるのではなく「情報セキュリティ監査」と統合した概念で監査計画を立てることをお薦めします。両監査を取り入れたハイブリッド型の監査になり，それを「情報システム監査」と呼ぶことにします。特性は異なる面もありますが，監査効率を考慮して同時に実施することで，被監査部署としても別々に監査されるより業務への負担は少なく，経営者側は総括的・効率的に報告を受ける大きなメリットがあります。

❶ 「システム監査」

監査対象を"システム"（いわゆる"箱もの"）とした監査で，経済産業省から出されている「システム監査基準」と「システム管理基準」を参考

【「システム監査」と「情報セキュリティ監査」】

- ■システム監査とは，業務で使用されている"情報システム"を対象に経営に役立っているか，また組織体内外に対して信頼性が維持されているかなどを監査すること。その結果として組織体の「ITガバナンス」の実現や情報システムにまつわる「リスク」に対する「コントロール」が適切に整備・運用されていることの説明責任を果たす。
- ■経済産業省
  ①「システム監査基準」
  ②「システム管理基準」
- ■リスクとコントロール対象
  ■情報システム

- ■情報セキュリティ監査は，2003年「情報セキュリティ監査基準」を根拠に，情報セキュリティ監査の目的を「情報セキュリティに係るリスクのマネジメントが効果的に実施されるように，リスクアセスメントに基づく適正なコントロールの整備，運用状況を，情報セキュリティ監査人が独立かつ専門的な立場から検証又は評価して，もって保障を与えるあるいは助言を行うこと」と述べている。
- ■経済産業省
  ①「情報セキュリティ監査基準」
  ②「情報セキュリティ管理基準」
- ■リスクとコントロール対象
  ■情報資産
  ①機密性　②完全性　③可用性
  ■紙媒体の情報，人

にして行いますので，監査手法は，インタビューや文書確認など準拠性監査手続となります。記載されているチェックリストも参考になります。

❷ 「情報セキュリティ監査」

こちらは，監査対象を"情報資産"（いわゆる"箱の中身"）とした監査で，こちらも経済産業省から出されている「情報システム監査基準」と「情報システム管理基準」を参考にして，情報資産のライフサイクル（発生，入手，保管，利用，廃棄）の適切性を見ることになりますので，監査手法としては現地確認や記録確認などの実証性監査手続となります。一例としては，サーバーにデータを詰め込みすぎると，システムレスポンスが悪くなり会社全体の業務効率が下がります。データ保存期限を設定し，適切に保管・廃棄しているかを監査します。社員の社会保険データ等は永久に保存しておく必要がありますが，多くのデータはある期限をもって廃棄できます。会計データなどが当てはまりますが，これらは内部監査で助言をしないと，情報システム部門で勝手に廃棄はできないと思います。またe-ディスカバリーで時々問題になる「メールの保存期限」ですが，事態が起きてから保存期限を決めるとさらに問題視されるので，平常時に会社として決めておき，監査としてはそれに従い処理されているかを確認していきます。

❸ チェックリスト活用の注意点

効率と網羅性を考慮して，汎用されているチェックリストを活用しますが，チェックリストはスコープも広く，また項目も網羅的です。決してすべての項目をチェックするのではなく，自社のシステム環境に適した項目をリストアップして利用します。ところで，チェックリストを用いたシステム監査にはまだ抵抗がある組織では，情報システム部門で作成している「システムガイドライン」や「システムセキュリティポリシー」さらには「SOP」を基準に適合性の監査を行います。この場合はドッグイヤー（dog year）で進歩しているシステム分野では，ガイドライン等が古いバージョンのものが多く，監査をする基準としては相応しくない場合もありますので，制定時期等を確認してから活用の判断をしてください。

3. 経営に資する「情報システム監査」

　ここでは，経営目線でのシステム監査について紹介します。監査の特性から見ると，準拠性監査ではなくアドバイザリー型の監査になります。経営者はコスト意識が高く費用対効果を判断基準にもっています。一例ですが，近年は技術進歩が速くサーバーの性能が非常に高まり，小型化しているので，10年前に契約したデータセンターは，今では空きスペースが多くを占めていることがあります。この部分を解約すると年間ベースで数千万円のコストカットが可能になることもあり，経営者から見ると魅力ある監査助言であり，まさに"経営に資する情報システム監査"といっても過言ではありません。これからはクラウド化が進みますので情報システム監査の多様化はさらに求められます。この類の情報システム監査ではチェックリストといったものがありませんので取り掛かりやすい面もあります。

4. 近年重要性を増している情報システム監査

　チェックリストに頼らない，さらにバリューアップできる情報システム監査を紹介します。ランサムウェア等の標的型攻撃でインフラ企業や政府が狙われた記事が後を絶ちません。これは国家レベルの問題と考えずに，企業としても企業目的達成の阻害になりますので，自己防衛として対応します。最近では各企業はCSIRT[**]（シーサート）設置をして24時間365日監視・対応体制を取っていますが，システム防衛の要なので，経営者としてはそれでも不安が残るところです。そこで「CSIRT監査」も必要になります。情報システム部門で実施すると自己監査となるので，監査の独立性・客観性の見地から，やはり内部監査部門の出番ではないでしょうか。

（芹沢）

[**] CSIRT: Computer Security Incident Response Team。コンピュータセキュリティのインシデントに対応するための組織総称。

第7章

個別領域の
内部監査

Q44
当社は，業種の特性上，膨大な個人情報を保持しており，個人情報の漏えいリスクが常に存在します。このリスクに対し，制度的，物理的，システム的にどのような対応をすれば社会的に許容範囲となるでしょうか。また，内部犯行者によるリスクが今後，課題になると思います。費用対効果を考慮し，現実的なレベルでの対応方法とそれに対する内部監査のあり方を教えてください。

A

　取り扱う個人情報の種類・内容・量，個人データを処理する情報システムや保存している記録媒体などに応じて，個人情報を漏えいから守るための対策は異なってきます。また，個人情報を取り巻く脅威は，常に変化し続けています。"ここまでやっていれば大丈夫！"というような絶対的な許容範囲はありません。昨今，大きな話題となっている「標的型攻撃」などのように，新たな脅威が現れれば，どこまで安全管理措置ができているか，脆弱性はないかなどを点検・評価し，必要があれば，追加対策を施すことが求められます。内部監査では，これら一連の取組みが組織としてできているかどうかを確かめることが重要です。

1. 組織として講ずべき6つの安全管理措置

　業務上保有している個人情報を漏えいや改ざんなどから守るためには，「安全管理措置」をとっていることが重要になります。安全管理措置は，個人情報保護法第20条において，「個人情報取扱事業者は，その取り扱う個人データの漏えい，滅失又はき損の防止その他の個人データの安全管理のために必要かつ適切な措置を講じなければならない。」と規定されています。

　組織として講ずべき安全管理措置には，以下の6つがあります。

① 基本方針の策定
② 個人データの取扱いに係る規律の整備
③ 組織的安全管理措置

④　人的安全管理措置
⑤　物理的安全管理措置
⑥　技術的安全管理措置

　その中でも，組織的安全管理措置は重要です。担当者まかせにせず，経営者層が主導し，個人情報を漏えいなどから守るための態勢を確立しているかどうかです。講ずべき具体的な安全管理措置の内容については，個人情報保護委員会から公表されている「個人情報の保護に関する法律についてのガイドライン（通則編）」に記載されていますので参考にしてください。

【組織として講ずべき安全管理措置】

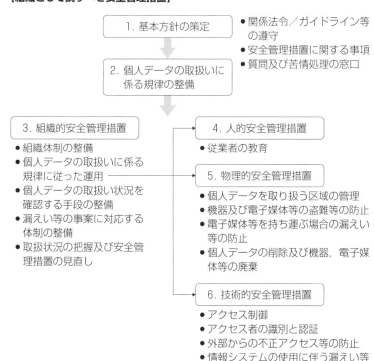

また，個人情報の取扱いを委託している場合には，委託先の選定基準や契約内容，個人情報の取扱いや管理の状況，再委託の状況などを確認して，委託業務における個人情報の安全管理措置に実効性が確保されているかどうかを確かめる必要があります。

2. 内部犯行による個人情報漏えいの防止

　内部犯行などの不正行為は，「機会」，「動機」，「正当化」の3要因がすべてそろった時に行われるといわれています。「機会」とは，不正行為を実行しやすい環境のことです。例えば，権限が1人の担当者に集中していたり，チェックが形骸化していたりするような環境です。「動機」とは，不正行為を実行するしかないとの考えに至った事情や心情のことです。例えば，借金の返済に困っていたり，高すぎる目標にプレッシャーがあったりする状況が該当します。「正当化」とは，不正行為の実行を積極的に認めようとすることです。例えば，後で埋めあわせするからとか，時間がないからとか，ほかの人もやっているから，などと都合のいいように言い訳することです。

【不正行為の3要因】

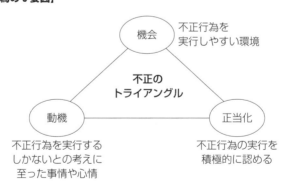

内部監査では，個人情報に不正にアクセスできたり，持ち出したりできる「機会」に該当するような状況にないかどうかを特にチェックする必要があります。例えば，以下の対策があります。
- 個人情報への不正なアクセスや持出しを難しくする
- 個人情報への不正なアクセスや持出しを発覚しやすくする

内部犯行のけん制や早期に発見できる環境が整備され，維持されているかどうかを確かめることがポイントです。

3. 組織的な管理態勢

　個人情報を漏えいから防ぐための対策に際限はありません。一方で，どんなに対策を施しても，漏えいを100％防げるとは限りません。また，内部犯行を単独で実行することは防げても，2人以上が結託すれば，容易にできる場合もあります。ひとたび個人情報の漏えい事案が発生すれば，対策が不十分であったとして，非難を受けることになります。したがって，個人情報を保護する管理体制を構築し（Plan），定められた規定やルールに基づいて実行し（Do），定期的に点検・評価し（Check），継続的に改善する（Act）ための「組織的な管理態勢」が求められます。なお，情報通信技術の進展に合わせて，個人情報を保護するために求められる水準も変化していくので，従来から実施している対策を見直す必要があることにも留意してください。

　一方で，個人情報の漏えいを完璧に防ぐことは難しいとの観点から，万が一，個人情報が漏えいした場合，その影響範囲をできる限り小さくするためには事前に何をしておけばよいか，また，漏えいが発覚した際にどのように対応すればよいかを十分検討して，準備しておくことも重要になります。内部監査では，個人情報の漏えいを防止するための事前対策だけではなく，漏えいした場合を想定した事後対策の整備状況についても確かめることがポイントです。

（五井）

Q45
当社では昨年労災が続き、至急対策が必要となっています。マニュアル上は問題なく、工場を視察しても整然と作業しているように見えますが、どこかで気の緩みがあるためか、事故が起きてしまいました。労災を未然に防ぐために有効な監査アプローチはあるでしょうか。

A

　労働災害に関わる内部監査では、労働災害の発生メカニズムを踏まえた「組織的な自浄作用の仕組み」があるかどうか、そして、その仕組みをどのように「継続的かつ有効に機能させている」かを確かめるアプローチが有効です。

1. 労働災害の発生メカニズム

　労働災害とは、「労働者の就業に係る建設物、設備、原材料、ガス、蒸気、粉じん等により、又は作業行動その他業務に起因して、労働者が負傷し、疾病にかかり、又は死亡すること」です（労働安全衛生法第2条1号）。労働災害につながる事故には、例えば、転倒、墜落・転落、動作の反動・無理な動作、はさまれ・巻き込まれ、切れ・こすれなどがあげられます。

　これらの事故は、作業者が「不安全な行動」をとったり、作業環境が「不安全な状態」になったりすることが起因して発生します。さらに、これらの不安全行動や不安全状態が生じる原因は、作業者の心理的・生理的・職場的な要因である"人的要因（Man）"、機械・設備・器具などの固有要因である"機械・設備的要因（Machine）"、物理的な作業環境の要因である"環境的要因（Media）"、そして、組織管理上の要因である"管理的要因（Management）"の「基本原因の4M」に整理されます。内部監査を実施するにあたっては、まず、この「労働災害の発生メカニズム」を理解する必要があります。

【労働災害の発生メカニズム】

基本原因の4M

- 人間的要因（Man）
- 設備的要因（Machine）
- 作業的要因（Media）
- 管理的要因（Management）

不安全行動 ← ヒヤリ・ハット

①防護・安全装置を無効にする
②安全措置の不履行
③不安全な放置
④危険な状態を作る
⑤機械・装置等の指定外の使用
⑥運転中の機械・装置等の掃除，注油，修理，点検等
⑦保護具，服装の欠陥
⑧その他の危険場所への接近
⑨その他の不安全な行為
⑩運転の失敗（乗物）
⑪誤った動作
⑫その他

不安全状態 → ヒヤリ・ハット

①物自体の欠陥
②防護措置・安全装置の欠陥
③物の置き方，作業場所の欠陥
④保護具・服装等の欠陥
⑤作業環境の欠陥
⑥部外的・自然的不安全な状態
⑦作業方法の欠陥
⑧その他

事　故

↓

労働災害

【基本原因の 4M】

基本原因	具体例
人的要因（Man）	●心理的要因：場面行動本能，忘却，考え事，無意識行動，省略行為，危険感覚，憶測，錯誤など ●生理的要因：疲労，睡眠不足，加齢など ●職場的要因：コミュニケーション不足，人間関係など
機械・設備的要因（Machine）	設計上の欠陥，危険防御の不良，人間工学的配慮の不足，点検整備の不良など
環境的要因（Media）	不適切な作業情報，作業空間の不良，作業環境条件の不良，不適切な作業方法，作業動作・姿勢の欠陥など
管理的要因（Management）	管理組織の欠陥，不適正な配置，マニュアルの不備，教育訓練の不足，監督・指導の不足，健康管理の不備など

2. 組織的な自浄作用の仕組み

　安全衛生に関わる内部監査では、作業に関わるマニュアルを査閲したり、作業場所の整理・整頓や作業状況など視察したりして、事故を引き起こすような状況にないかどうかを確かめることになります。しかし、作業者は、内部監査を受ける前に作業場所を整理・整頓したり、指摘事項を受けないように慎重に作業したりするので、内部監査人には、整然とマニュアルどおりに作業しているように見えてしまいます。これでは、作業の実態が把握できず、事故を誘発するような問題点を発見することは難しくなります。結果として、労働災害が発生した場合には、「内部監査でなぜ、問題点を発見できなかったのか」といわれてしまいます。そこで、事故につながるような原因を作業者が自ら発見し、改善する仕組みとなる「リスクアセスメント」を実施しているかどうか、そして、「安全文化」が組織として醸成されているかどうかを確かめることが有効です。

❶ リスクアセスメントの実施

　労働災害を防ぐためには、基本原因の4Mを踏まえて、作業者の負傷、疾病などを引き起こす危険がどこにあるかを把握し、特定する必要があります。実際に発生した事故だけではなく、いわゆる「ヒヤリ・ハット」事例は、潜在的な危険を抑える上でとても参考になります。特定された重要な危険について、作業者に与える影響度合いと発生頻度からリスクを見積もった上で評価し、優先度の高いリスクから対策を検討し、実施します。そして、実施した対策の効果を検証し、その対策で不十分な場合には、さらに追加の対策を検討することになります。この「危険の特定」、「リスクの見積り」、「リスクの評価」、「対策の検討・実施」、「効果の検証」の流れが「リスクアセスメント」です。

　これらの流れは、計画（Plan）―実施（Do）―評価（Check）―改善（Act）のPDCAサイクルであり、労働安全衛生マネジメントシステム（OSHMS：Occupational Safety and Health Management System）と呼ばれるマネジメントシステムになります。厚生労働省から「労働安全衛生マネジメントシ

【リスクアセスメント】

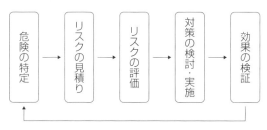

ステムに関する指針（OSHMS指針）」が公表されていますので参考にしてください。

内部監査では、このリスクアセスメントが実施されているかどうかを確かめることがポイントです。このリスクアセスメントが継続的に実施されていれば、事故につながるような危険が共有され、対策の効果をフィードバックする流れができていると判断できます。

❷ 安全文化を醸成する組織

一方で、リスクアセスメントの実施は、時間の経過とともに陳腐化する恐れがあります。一見するとPDCAサイクルが回っているように思えるのですが、相変わらず、労働災害が絶えないような場合には、リスクアセスメント自体が形骸化している場合が多いといえます。担当者だけにまかせるのではなく、経営者層や管理者層が安全確保に責任をもって関与し、組織の隅々まで共有し、学習していく「安全文化」を醸成し、「組織として自浄していく」ことが重要になります。

内部監査では、この安全文化の醸成を継続的かつ有効に機能させるために、経営者層や管理者層がどのように認識し、関与し、すべての労働者に対して動機づけし、改善を図っているかを確かめることがポイントです。

（五井）

Q46 研究開発業務を対象として、開発品または導入品の投資対効果や貢献度評価の監査を行う場合、有効性や合理性のある監査を実施するためのポイントは何でしょうか。

A

　開発品や導入品の投資対効果や貢献度を評価する際に使われる指標としては、投資金額に対して得られる利益の割合を示すROI（Return on Investment）が一般的です。ROIは、利益÷投資額（％）で算出されます。設問のROI計算は研究開発部門か経理部門が行うのが一般的でしょう。内部監査では、それらの部門が算出したROIが、社内にある算出ルールやガイドラインに準拠して計算されているか、計算に使われた利益や投資額の根拠資料は十分か、などについて、第三者的な立場でチェックすることになります。

　ROIは数値が大きい程投資対効果が高いことを示します。したがって、自分たちのプロジェクトのROIは、分子である利益を大きく、逆に分母の投資額は少なくして、実際の数値よりも大きめに計算しようとするリスクが考えられます。したがって、以下のような監査のポイントが考えられます。なお、社内にROIの算出ルールやガイドラインがない、あるいは不十分と判断した場合は、それらの作成を依頼する必要があります。

1. ROI計算に使われた利益は、すべてが当該プロジェクトの投資によるものか？

　プロジェクトの投資以外による利益がROI計算に使われると、正しい投資対効果の測定ができません。監査では当該プロジェクトと利益の関係を被監査部署に説明してもらい、合理的な説明ができる利益のみがROIの計算に使われているかをチェックします。結果が売上増といった財務値として直接確認できる効果であれば、理解することは容易ですが、その開発品による工数削減など、財務値として確認することが難しい効果には注意が

必要です。

2. 定性効果は正しく指標化されているか?

　投資に対する効果には，金額換算が可能な定量的のものに加え，金額換算が難しい定性効果もあります。通常，定性効果はROIが小さい場合の補足説明に使われることが多いですが，その場合は金額以外での指標化が妥当であるかが監査のポイントとなります。つまり，研究開発部門は，定性効果でも何らかの結果を示す必要があり，内部監査としては，その結果を示す指標の有効性や合理性を確認します。定性効果の例としては，期間の短縮，製品の品質向上，取引先の拡大，販売機会の拡大，業務効率の改善によるビジネスチャンスの拡大，などが考えられます。実際の監査では，あくまで指標化された結果をベースに監査に臨むことが重要となります。

3. ROI計算に使われた投資額には，プロジェクトの目標達成に必要となるすべての費用が入っているか?

　プロジェクトの投資額すべてが計算に使われていないと，ROIは高く算出されてしまい，正しい投資対効果の測定ができません。投資額はROIを算出する際の分母にあたり，ROIをよく見せるためにはできる限り少額にしたいという意識が働きます。監査では，利益の場合と同様にプロジェクトと投資額の関係を被監査部署に説明してもらうことになります。投資額の計算には，プロジェクトの目標達成に必要となる，研究開発部門やプロジェクトに関連する部署で発生する費用すべてが算入されるべきです。投資額は設備費や経費，人件費，業務委託費など項目ごとに明細があるはずなので，それらの証拠書類を網羅性の観点でチェックしていきます。

　その他のポイントとしては，社内ルールに従って設定された割引率が使われているか，計算シートは壊れていないか，などがあります。

（池田）

Q47
当社では，ここ数年，事業運営上で他社との業務提携や他社への業務委託の形態が増えてきています。業務提携先や業務委託先を監査する場合の留意点を教えてください。なお，委託先がグループ会社の場合とそうでない場合に分けて説明してください。

A

業務提携先や業務委託先を監査する場合，グループ会社でもグループ外の会社でも，内部監査は基本的には同じプログラムで行われるべきです。なぜなら，グループ外の業務委託先から機密情報や個人情報が漏えいするなど不祥事が起こった際の評判リスクも，委託元であるグループ本社が負っているからです。ただし，グループ外の会社との委託契約に内部監査の権限が盛り込まれていない場合，監査を行うこと自体が難しいと考えられます。また，グループ内の企業に対して設定されている基準に照らして指摘できる事項であっても，グループ外の企業には適用されないものもあり，そこがグループ外の業務委託先への監査の難しさです。以下，グループ外でも監査権限があるという前提で，委託先監査の留意点を述べます。

1. グループ外の委託先会社への内部監査

❶ 契約内容の遵守

監査テーマにかかわらず，業務委託契約書（Service Agreement），委託業務の範囲（Scope of Work），主要な委託業務に対する業績評価指標（Key Performance Indicator：KPI）について，それぞれの内容をよく理解した上で，その遵守状況を監査することが重要です。業務委託契約の内容が専門的で難しい場合は，法務部から助言をもらうことも有効でしょう。

KPIは設定されていない場合もあるかもしれませんが，その場合は，KPIを設定すること自体を監査の指摘事項に入れてもよいでしょう。

❷ 関連する法令の遵守

例えば，従業員の給与計算を委託している場合，「個人情報の保護に関

する法律（通称「個人情報保護法」）や「行政手続における特定の個人を識別するための番号の利用等に関する法律（通称マイナンバー法）」など，委託先に対して関連する法令の遵守状況を監査することも重要です。関連する法令が社内ルールに正しく反映されているかと，その社内ルールに従って業務が行われているかを監査します。ただし，法令の解釈など専門的で難解な場合は，やはり，法務部から助言をもらうことが有効でしょう。

❸ 一般的な内部統制

例えば，適切に職務分離がなされているか，押印・サインなどによる承認の証跡が残っているか，業務ルールやマニュアルが整備されているか，行動規範やセクハラ，パワハラ等に関する研修は実施されているか，などの一般的な内部統制のレベルを評価することも重要です。

❶～❸は，契約や法令など委託先が遵守しなければならない項目であり，その違反に対して被監査部署が反論する余地はありません。グループ外の委託先会社に対しては，上記の点に留意し，お互いのリスクの低減に内部監査は貢献するという認識を共有することが重要といえます。

2. グループ内の委託先会社への内部監査

上記の❶～❸に加え，グループ内の委託先会社は，委託元であるグループ本社からその他のグループ内にある会社に展開されているルールや方針があれば，それに従わなければなりません。そのため，グループ内の委託先企業に対してはグループ内ルールの遵守状況も監査する必要が出てくるでしょう。例えば，セキュリティのレベルがグループ内で決まっているならば，そのレベルに達しているかをチェックし，改善が必要な場合にはセキュリティをそのレベルまで引き上げるよう強いトーンで要請すべきです。

業務の効率性や有効性についても，グループ外の委託先よりも強いトーンで改善要請します。例えば，委託先で使用されているシステムをグループで使われているシステムに統合することによって業務が効率化できる場合は，システムの入れ替えや統合を要請すべきです。　　　　　　（池田）

Q48
当年度は,年度のテーマとして,法令遵守に関する監査を計画しています。まず,部署ごとの関係法令の調査(部署ごとの業務にどの法令が関わるか,責任者は誰か)を実施したところです。各部署からメンバーを借り,内部監査を実施する予定ですが,各部署に係る法令に関する専門知識が十分とはいえない中,どのように監査を進めればよいでしょうか。

A

　内部監査の際,どんな企業でもコンプライアンス監査は重要な監査テーマの1つです。しかしながら,内部監査人の法令知識が不足しているなど監査資源が不足している状況下で,効率的・効果的にコンプライアンス状況を監査しなければなりません。まず,内部監査人はすべての法令に精通しているわけではありません。そこで,「ゲスト監査」という形態を用いる監査方法があります。監査への参画度合いは,独立性・客観性に鑑みながら関与していただきます。

　また少ない監査資源下で監査効率を上げるために内部の建て付けとして「3つのディフェンス・ラインモデル」(Q2参照)とCOSOの内部統制フレームワーク(Q1参照)を使います。3つのディフェンス・ラインの中で,内部監査部門は第3のディフェンス・ラインの守備を果たして,取締役会等への報告を行います。具体的には内部監査は,第2のディフェンス・ライン(その法令について企業内での統括部門)と第1のディフェンス・ライン(現場の管理部門)の統制状況を監査します。ここでは,第2・1のディフェンス・ラインの監査について説明します。またここでいうコンプライアンスとは社内規程等も含む法令遵守を意味しています。

1. 自社のアシュアランスマップを作成する

　事前に自社で遵守すべき法令(社内規程も含む)と対応部署を明確にして「アシュアランスマップ」を作成しておきます。

【アシュランスマップイメージ】

モデル	第1線	第2線	第3線
個人情報保護	支店,工場,研究所	総務部	内部監査部門
輸出入管理	調達部	CSR部門/総務部	内部監査部門
カルテル防止	事業部	法務部	内部監査部門
贈賄防止	営業本部	人事部	内部監査部門
インサイダー取引防止	経理部,広報部	?	内部監査部門
購買倫理規程	工場,営業部	購買部	内部監査部門
情報セキュリティ	各本部	情報システム部	内部監査部門
時間外労働管理	工場,支店	人事部	内部監査部門
営業車両管理	営業本部	?	内部監査部門

　その際，総務部，法務部，人事部，CSR部など関係者の協力を得ながらアシュアランスマップを作成します。もし作業中に，特に第2のディフェンス・ラインで埋まらない箇所があったり，あるいは複数の統制部署名が入る場合もありますが，それはそれで重要なポイントとなりますので後述します。注意点としては，最近施行（改正）された法律およびグローバルに事業を展開している企業では各国のコードについても見る必要があります。これからが監査段階になりますが，各コンプライアンスについてリスク評価をしますが，その際には罰則の大小だけでなく，罰則がなくてもレピュテーションリスクとなり会社イメージダウンになるコンプライアンスの問題（むしろ倫理問題）についても対象とします。そして内部監査人はリスクベースで優先順位をつけ，内部監査計画書を作成します。さらに監査手続書（誰に何を聞くか。またエビデンスとして何を提出してもらうか）まで落とし込みます。

2. 第2のディフェンス・ラインである統括部門の統制状況を監査する

　実際に監査をスタートさせますが，メンバーとして法令分野に「ゲスト内部監査人」を監査メンバーの1人として任命します。登用には直接的な

被監査部署の担当者は独立性の立場から控えますが，社内関係者 OB やグループ企業内での精通者および外部コンサルタントから選抜します。監査は第 2 のディフェンス・ラインから始めますが，第 2 のディフェンス・ライン部門には，それぞれの領域でコンプライアンスに精通している人がいるので，事前にレクチャーをしてもらい，この法律の意味や重要性，また重要条文なども理解しておきます。この段階は，あくまで事前ヒアリングです。その後別の日に監査として第 2 のディフェンス・ラインとして行っている統制活動をエビデンスベースで入手します。

具体的には，整備状況（規程の有無や更新状況，掲載場所）と運用状況（教育研修の実施と記録，遵守・逸脱のモニタリングと現場へのフィードバック）を確認します。第 2 のディフェンス・ラインが複数ある場合は，それぞれにインタビューをかけ，基本的には業務の重複（効率性の問題）と責任所在の観点から監査を行います。責任の所在を平時の時に決めておくことが，内部統制の徹底につながります。逆に第 2 のディフェンス・ラインがない場合は，内部統制上重大な脆弱性につながるので，存在の有無を慎重に確認します。この段階で大切な点は，監査資源が限られた中でのコンプライアンス監査なので，効率化を加味して，内部監査人として第 2 のディフェンスラインの内部統制の整備・運用状況に安心感が得られたならば，第 1 のディフェンス・ラインへの監査は簡略化，あるいは省略をしても結構です。限られた監査リソースの省力化が可能となります。しかしながら，内部監査人として納得が得られなかった場合は，次のステップ（第 1 のディフェンス・ライン）の監査に入る必要があります。

3. 必要に応じ，第 1 のディフェンス・ラインである現場管理部署での統制状況を監査する

第 2 のディフェンス・ラインの統制状況が不十分と判断した場合は，複数ある第 1 のディフェンス・ラインの中からリスクの高い部署を中心にサンプリングを行い，ヒアリングや証憑・文書確認，現場確認，場合によっ

てはテスト手続も入れた監査を行います。この監査はコンプライアンス違反をも視野に入れており、当事者は隠蔽する可能性や話を逸らす場合もあるので、インタビューの場合に事前に領収書や記録、証言といったエビデンス等も手元にもっておくことが必要です。コンプライアンス案件は、ホットラインに通告されている場合もあるので、事前にホットライン窓口からの情報入手も有効的・効果的です。

4. 企業カルチャーとしての構築・浸透が大切

もう1つ、企業のコンプライアンス文化を監査する際にCOSOフレームワークを利用すると有効的・効果的です。具体的にはCOSOの「法令遵守」の部分です。その中で特に必要なのは「統制環境」です。企業にコンプライアンス精神が浸透するには、経営者の姿勢が大切です。"Tone at the Top"として経営者が自らの声で、平時から全社員（派遣社員も含め）にコンプライアンス遵守を求めていく行動が必要です。内部監査の視点としても、統制環境、リスク評価、統制活動、情報と伝達、モニタリングの切り口で監査をすることをお勧めします。この際の判断基準としては、統制活動に問題がなくても、上位の統制環境に不備があると監査意見としては「ノー」を出さなければなりません。それほど上位概念は重要です。

（芹沢）

Q49

当社は食品メーカーで，日本全国に営業拠点や工場を構えています。監査項目として，部門運営に関わる関連法規を遵守しているかを確認しています。しかし，各自治体の条例などにおいて，基準に違いあり，また記述が不明瞭（やらなければならないのか，やらなくてもいいのか，のどちらにもとれる）な場合もあるため，被監査部署の所在地ごとに，法や各自治体条例の確認をしなければならず，困っています。全社統一に対応するため，一番厳しい基準に合わせていますが，費用対効果もありますし，対象部門によってはやらなくてもよいのではという場合もあります。従来通り，全社統一の対応とするか，拠点ごとの基準で評価するか，アドバイスをお願いします。

A

基本的な方向性は，現状通り，一番厳しい基準に合わせた全社統一基準での対応があるべき姿だと思われます。

なぜなら，そうすることが組織体の倫理観の向上につながり，社会からの信用を得ることになるからです。全社統一対応にせよ，拠点ごとの対応にせよ，監査業務の煩雑さはそれほど変わらないのかもしれません。それは監査対象の拠点が置かれている自治体の条例を確認し，その条例に準拠して業務が実施されているかを確認するという作業は，どこの拠点であっても同じだからです。準拠すべき基準のレベルが一番厳しい条例に合致しているかの確認作業が，拠点が置かれているすべての自治体の条例等を調べなければ確認することができないので，拠点ごとの対応よりも若干手間がかかるかもしれません。しかし，この作業はこれまでの蓄積があるので，条例が改正された場合にのみその影響を考慮すれば済むはずです。この際，間接管理部門（法務・コンプライアンス部門，品質管理部門等）が条例改正の動向をフォローしているかもあわせてチェックする必要はあるでしょう。

法律にせよ条例にせよ，その内容には一定の合理性（あるいは最低限の条件）が含まれています。これらを遵守することは当然ですが，同一趣旨の条例等であってもその厳しさに差があり，そのうちの最も厳しい基準を遵守することを選択した場合，一般的に見て，リスク感応度が敏感で，倫理観が高いと見なされます。倫理観が高い会社は，社会からの信頼を高めることにつながります。

　内部監査が組織体の価値向上を考える際，組織全体の倫理観の向上も重要な方策の1つです。このように考えるならば，厳しい基準を採用した全社統一対応をとることにも十分なメリットがあると考えます。

　また，「基準」6.1.1では，ガバナンス・プロセスの改善に向けた内部監査の視点として，「倫理観や価値観の高揚」をあげています。すなわち，倫理観や価値観を向上させることがガバナンス・プロセスを改善させることにつながるとの理解が示されています。したがって，内部監査業務そのものが倫理観や価値観を低減させるような方策に走るべきではないと理解すべきでしょう。

　さらには，近年問題となっている品質不正に対しても，倫理観を向上させることは有効な対応策となり得るものと考えられます。

（武田）

Q50 当社は本年期首にグループ経営体制の再編を行い，各部門での変革を進めています。各社の企画，経理，人事等のコーポレート部門は統合され，結果として巨大なコーポレート部門ができあがりました。しかし，再編目的の1つは，スリムで機動的なコーポレート部門の実現でした。今後，コーポレート部門を対象とした内部監査を行うのですが，スリム化には相当の抵抗が予想されます。我々も覚悟をもって事前準備をして監査を行うつもりですが，心構え等でアドバイスをお願いします。

A

　内部監査の対象先を考えた場合，一般的にコーポレート部門は，本社内にあり経営者の比較的目の届く場所にあるので，実質的には監査頻度は少ないのではないでしょうか。しかし，本社部門の肥大化という見地で見ると，意図的ではなくても従業員の直間比率は間接部門に厚くなる傾向があり，その観点からの監査が求められます。そこで内部監査部門は，イベントがある時（業務革新プロジェクトやM＆A後）だけではなく，コーポレート部門の内部監査を定期的に実施する必要があります。今回は，コーポレート部門の内部監査を実施する際にポイントとなる点を，計画段階から助言段階まで，ステージを追って確認していきたいと思います。

1. 個別計画作成ステージ

　まず，必須事前資料として下記の資料を収集します。
　①職務分掌（組織と個人）
　②経営にコミットメントしている約束成果リスト
　③定員と在籍人数（男女別と過去5年推移）
　④時間外労働時間
　⑤コーポレート部門の業務改革（業革）を行った場合は，その「計画書」
事前分析のポイントとしては，各部門間での「業務の重複」の有無を各

職務分掌の比較からあぶり出します。そこで目にするケースは，人事部と人材開発部が受け持つ研修機能の重複，総務部と法務部とでの契約管理機能の重複，財務部と総務部とでの固定資産管理の重複等です。また経営にコミットメントしている約束がマンネリ化し，しかも未達状態が数年続くケースでは本当にその目的やゴールは必要なのかを確認しましょう。要員数も瞬間風速的に見ていてはわかりませんが，中期的（過去5年間のトレンド）に比較すると実態が見えてきます。この際に，近年のジェンダーダイバーシティの視点から男女比変化も確認しておくとよいと思います。

　もう1点，特にコーポレート部門の監査視点に入れてもらいたいテーマが"スピード"です。意思決定の場面だけでなく，開発現場や生産現場あるいは情報伝達などあらゆる場面でスピードが求められています。しかしながらコーポレート部門が率先してスピードを優先する企業カルチャーを作らないとスピード感が社内に浸透しません。よって「スピード感浸透監査」は必須となります。

　また大改革として行われるコーポレート部門の業革後の監査では，当初の計画書，特に今回は「スリムで機動的なコーポレート部門の実現」という経営目標がありますから，それと照合しながら，定員監査のような定量的監査と合わせ機能の効率性のような定性的監査を実施します。またこの業革が当初のもくろみ通りできていない点があれば，さらに改善助言をしますので，予備調査ステージでは十分にその計画書を読み，理解しておいてください。

2. 往査ステージ

　生産現場や営業現場と違いコーポレート部門は，監査手法が比較的限られてしまうのが実状です。有効な監査手法を紹介します。

❶ ヒアリング

　機能監査の場合はどうしても定量的な監査基準の設定が困難なので，ヒアリングが有効手段になります。このような監査の場合は，監査リソース

の5割程度をヒアリングにあててもよいと思います。大切なのは誰にヒアリングをするかです。基本的には事前調査で異常値を示している従業員です。具体的には下記に該当する従業員を優先的にヒアリングをすることをお勧めします。

- 職務分掌で他部門と重複がある業務をしている従業員
- 残業時間が長い従業員
- 定員をオーバーしている部署や従業員が増加傾向の部署
- 業務改革プロジェクト関係者（対象業務，推進者）

問題点・課題，その要因をあぶり出すヒアリングを行います。例えば，あえて仕事を作っているケースや会議用資料を必要以上に詳細に作成しているケースや業務が標準化されていないため非効率な作業などがあります。

❷ アンケート・調査

この場合のアンケートは実態を把握するためですが，「会議や会議資料作成に係る時間が多く，生産性の高い業務に時間をかけていない」というようなネガティブな仮説に基づいて取り掛かります。コーポレート部門の全従業員に3か月間の行動記録をつけてもらいます。イメージとしては，15分刻みで，行動分類（会議，資料作成，休憩，外出，打ち合わせ，研修受講，メール対応など）で記録します。また従業員にできるだけ負担をかけないマーク方式で行うとよいでしょう。

❸ ファシリテーション

対象は業務の効率化や組織のスリム化に向けて明確な方針がない組織や内部監査人から見て従業員のベクトルが合っていない組織に対して，ファシリテーションを組み込み，個人ヒアリングでは得られなかった根本的・本質的問題点を抽出します。メンバーで意見交換・情報交換することにより，職場での問題点をあぶり出せます。ファシリテーションは監査手法としては疑問をもつ人もいると思いますが，IIAでも推奨している正式なCSA手法の1つです。

3. 監査報告書作成・取締役会報告ステージ

　通常の内部監査では、講評会で軽微な発見事項は指摘し、場合によっては解決までしてしまいます。しかしコーポレート部門の監査では軽微な指摘事項は少なく、経営判断が必要な案件やトップ主導型の対応が必要なことが特徴です。よって、講評会での、深い論議は必要ですが結論を出す必要はありません。発想の一助のためケースを紹介します。

- 文書保存の効率化のケース。保管期間が曖昧なので永久保存している。しかも各部門で保存しており重複している。原因としては、問題意識はあるものの、現場の職務権限では廃棄できず、問解決策は後回しになっている。内部監査部門の特権である組織横断的な助言発動権で根本的解決を求める。文書保存を各組織がするのではなく、システム化し保管期限も含め一括管理するといった助言をする。
- 組織間（特にコーポレート）で重複している業務については、当事者同士による調整では解決できない場合も多く、経営からの指示事項として統廃合する。

4. 助言事項での留意点

　一部門への助言となるケースは稀で、多部門が関わる助言となり実効性が乏しくなりがちです。大切な点は「部分最適性」ではなく「全体最適性」が求められます。根本的な改善には経営の意思・判断・指示が必要で、内部監査部門助言も高度になります。助言の一例として「社長直轄の下、BPR部門を設置して業務改革を行い、進捗を毎月の取締役会に報告すること。コーポレート組織を5部門とし、派遣社員を含む要員を20％削減すること。同時にコーポレート予算は30％削減すること。また新体制を2018年1月付とすること」のように大胆な方向性を示します。

　改革は経営者の声としてトップダウンで行わないと、全社的な構造改革はできないことを現場従業員は知っているからです。

（芹沢）

Q51 粉飾決算や資金の横領などの不正を防止するために、内部監査のポイントと監査方法について教えてください。

A

粉飾決算や資金の横領などの不正が起きる最大の要因は、Tone at the top ＝「経営トップの姿勢」にあります。つまり、経営者が「売上や利益の目標を達成するために、粉飾も厭わない。」「資金の横領を未然に防ぐ社内の仕組みづくりに時間と労力を割くくらいなら、もっと営業活動に経営資源を投入する。」といった姿勢であれば、それは内部統制の土台である統制環境の欠陥です。統制環境に問題があれば、いくら統制活動や内部監査などモニタリングに力を入れても、内部統制のレベル向上には限界があります。よって、経営トップの姿勢を考慮しながら内部監査にあたることが重要です。以下、粉飾決算と資金の横領それぞれについて述べていきます。

1. 粉飾決算

粉飾決算とは、決められた会計基準に準拠せず、意図的に操作された決算のことであり、通常、利益の過大計上を目的とします。利益を過大に計上するためには、①資産の過大計上、②負債の過少計上、の2点が考えられます。主な監査のポイントと監査方法を以下に示します。

❶ 資産の過大計上

● 売掛金の過大計上

要は、売上の水増しであり、決算日以降の売上をさかのぼって当期分として認識したり（売上のカットオフエラー）、実際の売上がないにもかかわらず売上を認識する架空売上がその典型です。売上のカットオフエラーをチェックする場合、まず、どの時点で売上が計上されるべきかを定めた社内の売上認識基準をレビューする必要があります。製造業であれば、通常、工場で生産された製品を載せたトラックが工場の敷地を出たとき、あるいは顧客に製品が引き渡された時に売上が計上されるべきです。監査では、

そのような基準に従って売上が計上されているかをチェックします。会計上は売り上げたことになっている製品が、まだ工場の敷地内に置いてあれば、それは売上のカットオフのエラー、あるいは架空売上を疑ってよいでしょう。販売先の事情により例外的な処置として、敷地内にとどまっている場合（未出荷売上）も考えられるため、営業や物流部門、あるいは製品を購入した顧客から直接説明を聞き、さらなる調査が必要です。

　また、会計データや物流データの分析によって、売上の水増しの兆候を掴むことができます。決算日の2～3日前に売上が急激に増えていたり、決算日直後の売上が異常に少なかったり、マイナスに計上されていれば、これも売上カットオフエラーや架空売上の可能性が高いでしょう。また、キャッシュフロー計算書からアプローチする場合もあります。例えば、本業でどれだけ現金を稼いだかを見る指標の営業活動のキャッシュフローが赤字ならば、それは、損益計算上どんなに利益が出ていても本業で現金を生んでいないことになるため、架空売上の可能性があります。

● 棚卸資産の過大計上

　色々なパターンがありますが、まず、売上原価を過少に計上することが考えられます。売上原価は、期首の製品在庫に当期の仕入額を加え、期末の製品在庫を引いて算出されるため、期末の製品在庫を過大に、あるいは架空計上することによって、売上原価を減少させ利益が水増しされます。あるいは、すでに生産が終了している製品の製造部品など資産価値のないものを意図的に廃却せず、引当金も計上しない場合、結果的に利益は水増しされます。監査では、現場での棚卸資産の現物確認が重要です。内部監査人が自ら倉庫に行って棚卸資産の現物確認をする場合、会計上の在庫リストにあるものとその現物（特に、長期にわたって滞留しているもの）をサンプルベースで突合してみることが重要です。会社が行っている実地棚卸のレベルも把握できると同時に、実際に倉庫に行って歩きまわることで、その片隅に何年も使われず放置されている製品在庫を発見することもあるかもしれません。

現場に行けなかったとしても，会社が行った実地棚卸の資料をチェックする必要があります。経理部門や会計士による立会いが行われているか，棚卸差異の分析が正しく行われているか，その内容が経営層にきちんと報告されているか，などをチェックします。

また，在庫の回転率（一定期間の売上高÷一定期間の平均在庫）などの会計データの分析によって，粉飾の兆候を掴むこともできます。売上高より在庫の増加の方が著しく大きい場合（在庫の回転率の低下），粉飾の可能性も高くなるといえます。

❷ 負債の過少計上

将来，損失や支出が予測される場合，貸借対照表の負債勘定の1つである引当金を相対勘定として当期の費用を計上しますが，引当金はあくまで見積りのため，恣意的に費用の過少計上に利用されることがあります。そのため，特に期末に計上される貸倒引当金，製品保証引当金，賞与引当金，退職給与引当金，在庫評価引当金等の各種引当金の金額の妥当性をチェックすることは重要です。監査では，それぞれの引当金計上の方針や承認の基準があるか，その基準に準拠して業務が運用されているか，見積りの根拠資料は十分か，などの視点でチェックしていきます。

2. 資金の横領

資金の横領にはいくつかのパターンがありますが，その典型的な例としては，小口現金の着服，預金を不正に引き出しての着服，支払先と結託しての架空請求や過剰請求に応じた支払い（その後，結託した支払先からキックバックをもらう）など，支払いに関するリスクに関連しています。よって，横領を防ぐためには支払いのプロセスの中にどのような統制が整備され，どう運用されているのかその有効性を監査することになります。以下は，監査の際の具体的なチェックポイントの例を示しています。

- 小口現金は，保有金額の上限を設定しているか？
- 保有金額の上限が設定されている場合，その金額は守られているか？

- 現金の収入と支出の金額，およびその内容を記録した「現金出納帳」が日々作成されているか？
- 小口現金を管理する従業員とは別の従業員が，毎日，業務終了後に，小口現金の会計上の残高と実際に小口現金として保有している金額の一致を確認しているか？
- 預金口座から支払いをする際のルールがあるか？
- 支払担当部署（出納部署）では，支払依頼部署からの「支払依頼書」，その根拠資料，および承認の有無等を担当者が確認し，上位者の承認後に支払い処理を行っているか？
- ネットバンキングによる支払いでは，データ作成者と支払い承認者の職務が分離されているか（1人で支払い処理ができないか）？
- 一定期間，取引実態がない振込先は，支払システム内の振込先マスターリストから削除されているか？
- 支払データ作成者やその承認者ではない別の従業員が，定期的に会計上の残高と預金残高の一致を確認しているか？
- 期末時に，支払いデータ作成者や承認者ではない別の従業員が，銀行から預金残高証明書を取得し，会計残高との照合を行っているか？

支払先の一部の従業員と結託して架空請求や過剰請求に応じた支払いをして，その後，結託した相手からキックバックをもらうような不正取引を発見するのは難しいです。そのような不正が発見されるきっかけは，社内通報や支払先の不正取引に関与していない従業員からの通報がほとんどでしょう。したがって，社内外からの通報制度の整備状況や，その運用状況をチェックすることも重要です。

繰り返しになりますが，粉飾決算や資金の横領の最も大きな要因は，「経営トップの姿勢」にあります。市場や業界が落ち込んでいるのに，ある特定の子会社や営業店舗だけが販売や収益目標を何期も連続して達成しているような場合，何らかの不正が行われているのではないかといった懐疑心をもって監査に臨むことが内部監査人には求められるのです。　（池田）

第8章 子会社等の監査

Q52

新規に設立した子会社の内部監査のあり方として，①子会社の組織内に内部監査部門を新たに設けて監査する方法と，②親会社の既存の内部監査部門により子会社を監査する方法とではどちらが適切でしょうか。また，当該子会社が親会社100％出資の場合と他に出資者がいる場合とでは，対応は異なるでしょうか。

A

今日の経営は企業グループを構成して行われることから，内部監査も親会社だけではなく，子会社等のグループ会社も含めた企業グループ全体を対象として行う必要があります。

特に，親会社経営者の目が届きにくい子会社の内部監査は重要です。子会社の内部監査を効果的に行うためには，親会社，子会社，そしてグループ全体の内部監査を包含する企業グループの内部監査体制を構築する必要があります。

1. 企業グループの内部監査体制

企業グループの経営戦略を反映して企業グループ内部監査体制も大別して2つの形態があります。親会社集中管理型の企業グループ・マネジメントの方式に応じた集中型と，子会社自主経営尊重型の企業グループ・マネジメントの方式に応じた分担型です。

集中型は内部監査機能を親会社に集中する形態です。分担型は，親会社に加えて主要グループ会社にも内部監査部門を設置して，本社と各社の内部監査部門が分担して内部監査を行う形態です（次頁の図参照）。

【企業グループ内部監査体制の形態】

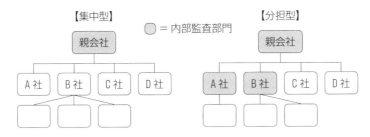

2. 子会社内部監査の検討ポイント

上記の集中型の場合，ご質問の「②親会社の既存の内部監査部門により子会社を監査する方法」によって内部監査を行います。一方，分担型の場合には，ご質問の「①子会社の組織内に内部監査部門を新たに設けて監査する方法」によります。

両方式には一長一短あり，一概にどちらが適切と決めることはできません。自社の状況に応じて，適切な方法を選ぶ，あるいは，2つの形態を参考にして自社独自の形態をつくることになります。

子会社内部監査の形態・方法を検討する際に留意すべきポイントは次のとおりです。

❶ グループ経営のあり方

経営に資する内部監査を標榜する上で，自社のグループ経営に適した内部監査体制を構築することが大切です。したがって，親会社集中管理型の企業グループでは集中型を，子会社自主経営尊重型では分担型が基本形態になります。

❷ 内部監査の成熟度

子会社の組織内に内部監査部門を新たに設ける場合，親会社内部監査部門には，子会社内部監査部門を指揮・指導することが求められます。特に，一般に子会社内部監査部門は親会社より小規模となることから，人事処遇や人材育成など，子会社内部監査人の人事管理にも配慮する必要がありま

す。特に，海外子会社など，現地で内部監査人を採用する場合には，高スキルの人材こそ他社への流出のリスクがあり，自社内でのキャリアアップ・プランを整備するなどの対策が必要になります。

内部監査マネジメントについてのスキルが未熟な場合には，当面，親会社の内部監査部門から人員を送るという出張ベースで内部監査を行う方が難易度は低いといえます。

❸ グループ人事制度

自社にどのようなグループ人事の制度や政策があるかも考慮すべき要素です。経営人材育成策の一環として，内部監査部門へのローテーションや子会社派遣などの施策がある場合には，本人のキャリアプランとのマッチングを考慮した上で，子会社内部監査部門に人材配置することも考えられます。

3. 子会社に対する出資関係の考慮

子会社内部監査を行う場合，子会社に対する出資関係を考慮する必要があります。親会社100％出資の場合には，親会社事業部門と同様に監査できますが，ほかに出資者がいる場合には，ほかの出資者に対する配慮が必要です。

ほかに出資者がいる場合には，その出資者の出資比率と制度上の立場を考慮する必要があります。特に，その子会社が他の出資者の関連会社（20％以上の議決権をもっているか，出資，人事，資金，技術，取引等の関係を通じて財務，営業，事業の方針の決定に重要な影響を与えることができる会社）に該当する場合には，その出資者の連結決算や内部統制における子会社の位置づけを考慮して内部監査を計画する必要があります。外国でも関連会社については独自の法規制がありますので，出資者が外国企業または外国上場企業の場合には注意を要します。合弁会社の場合には，合弁契約における監査権についても確認しておきます。さらに，他の出資者が経営メンバーを送り込んでいる場合や，監査報告書を他の出資者に提出する場合などには，他の出資者の目から見ても質の高い監査を一層心がける必要があります。

(箱田)

内部監査に関する調査

　日本内部監査協会では,監査関連情報および資料の収集,調査ならびにその配布を行っています。

　主な調査としては,以下のものがあります。

○監査総合実態調査（監査白書）

　1987年に,わが国の監査活動の実情を多角的にとらえることによって,企業ならびに各種組織体が監査業務を実施するうえでの実践的な方向付けを行うことを目的に,原則として,3年に1回のサイクルで調査を行っています。

○内部監査実施状況調査（内部監査テーマ・要点）

　わが国の企業やその他経営組織体において,内部監査部門が監査を実施する際に,どのような問題点を取り上げているのか,また,内部監査実務の現在の傾向がどのような状況にあるのか,などの点を把握することを目的として,監査テーマと監査要点について,毎年調査を実施しています。

Q53 昨年度，海外で会社を買収し，子会社化しました。当社製品の受託生産を行っている会社で，海外の同業他社とも取引があります。次年度，この海外子会社に，初めて内部監査に入る予定です。買収後，初めて実施する海外子会社の監査で，特に注意すべき項目は何でしょうか。何かアドバイスがあればお願いします。

A

わが国企業も欧米企業に伍して盛んに企業買収を行うようになりました。特に海外で企業買収するケースが増えています。多くの業種で国内市場が狭隘化していることから，経営者の目が海外に向くことは必然かもしれません。

ただし，海外企業買収は高リスクの経営行為であることは否めません。海外企業買収の失敗例は枚挙にいとまがありません。大きな失敗をしないように経営者目線で指摘を行い，内部監査が経営に貢献することが期待されます。

1. 企業買収のフェーズと内部監査

まず，企業買収の全体像と内部監査の着眼点を見てみましょう。右図をご覧ください。

この中で，内部監査の観点で重要なフェーズが「デューデリジェンス」と「経営統合」です。

デューデリジェンスは，買収監査ともいわれ，会計事務所や法律事務所といった専門家と連携して買収企業の経営実態を調査するものです。デューデリジェンスの結果，問題があることから買収を断念することもあります。また，問題点が発見されても解決可能として買収を決定することもあります。欧米企業に比べると日本企業は，問題点が発見されても買収を断念しないケースが多いようです。

「経営統合」は，買収後に買収先企業を自社の企業グループに組み込む

【企業買収のフェーズと内部監査の着眼点】

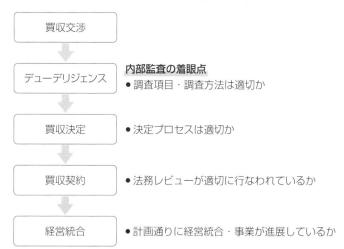

フェーズです。専門家の間では，PMI（Post Merger Integration）といわれています。設門の買収子会社の内部監査は，このフェーズの内部監査にあたります。

2. 買収子会社内部監査のポイント

買収子会社の内部監査を計画するに際して，内部監査部門がこの買収案件にどのように関わってきたかが，大きなポイントになります。

上図の企業買収フェーズの当初から内部監査部門が買収案件に関わってきた場合には，買収目的，当企業グループにおける買収子会社の位置づけ，デューデリジェンスで明らかにされた問題点とその解決策，経営統合の課題といったポイントについての理解を再確認して具体的な監査計画を立案することになります。

一方，この買収案件にこれまで関与せず，買収後に買収子会社の内部監査から関わる場合には，上記のポイントについて理解することから始めなければなりません。そもそも海外子会社の内部監査は，周到に準備する必

要があり，計画段階で国内子会社の場合よりも相当多くの時間をかける必要があります。これまでに関わっていないと，買収案件の理解のために一層時間をかけることになります。

3. 買収海外子会社内部監査の監査項目と監査手法

それでは，買収子会社の内部監査はどのように進めればよいでしょうか。これまで買収案件に関与せずに初めて買収海外子会社内部監査に入るケースについて見てみましょう。

監査ポイントは，計画通りに経営統合・事業が進展しているか確認することです。そのために，次の点に留意して監査を行います。

❶ 経営統合の状況についての内部監査

現地に赴く前に本社における計画に時間を割いて周到に準備します。まず，この買収案件の担当役職員にヒアリングして，買収目的，当企業グループのおける買収子会社の位置づけを確認します。

次いで，デューデリジェンス・レポートを閲覧して，発見された問題点や懸念事項を確認します。

さらに，買収意思決定に至る資料を閲覧して，指摘された問題点や懸念事項の解決の方針・計画を確認します。

設例のケースでは，当社製品の受託生産を行っている会社ということですので，製造部門の水平統合型の企業買収ではないかと思われます。このような場合，グローバルまたはリージョナルのサプライチェーン・マネジメントへの統合の成否が監査の主眼になります。現況についての本社で入手可能な資料をできるだけ収集して分析および追加ヒアリングを行います。

現地では，計画時に収集した情報をもとに，子会社経営者・経営幹部へのヒアリング，関連資料の閲覧，製造・物流拠点の視察などを行って，計画通りに経営統合が進んでいるか確かめます。

❷ 事業進展状況の内部監査

海外企業買収失敗の多くのケースは，計画通りに業績をあげることがで

きない場合です。魅力的な案件の場合，通常，買収プレミアムを支払って，会計上は"のれん"を計上して，買収することになりますので，業績不振の場合は，"のれん"の減損を余儀なくされます。

　内部監査では，買収時の計画通りに事業が進展しているか，慎重に見極める必要があります。そのために，子会社全体の財務数値の計画・実績対比の月次推移を分析し，さらに，重要な，および疑問に思う項目の詳細な分析を行います。これら財務数値については，本社の経理部門や事業主管部門がタイムリーに実績値を入手・分析しているはずですので，できる限りの監査手続を本社で実施します。もし，本社関連部門の情報収集・分析に不備があれば，それ自体が監査指摘になります。疑問点や問題点を絞り込んで，現地で子会社経営者・経営幹部へのヒアリングや傍証資料の閲覧・分析を行います。

〔箱田〕

Q54 関係会社で不祥事が発覚した場合，親会社の内部監査部門はどこまで介入して直接実態調査を行うことができるでしょうか。また，その関係会社が上場会社の場合はどうでしょうか。関係会社の不祥事について以後内部監査部門はどのように取り組めばよいでしょうか。

A

　不祥事は企業にとって時に死活問題となる重大な事態です。内部監査部門は，平時においては不祥事を防止・抑制する内部統制の監査を行い，不祥事発覚時には経営者をサポートして事態に対処することが期待されます。ただし，不祥事が発覚した後に行われる不正調査は，通常の内部監査とは異なる手続を含み，専門的スキルを必要とします。さらに，関係会社の不祥事への対応には，親会社に加えて関係会社の関係者に対する配慮が求められます。

1. 関係会社の不祥事と内部監査

　関係会社は子会社と関連会社（関連会社の定義についてはQ52参照）によって構成されます。

　関係会社で不祥事が発覚した場合に，親会社の内部監査部門が関与できるかどうかは，親会社内部監査部門の監査範囲がどのように規定されているかによって異なります。監査範囲は，通常，監査規程，関係会社管理規程，合弁契約などによって規定されます。企業グループによって，親会社と子会社を監査範囲とするケースや，関連会社まで含めた企業グループ全体を監査範囲とするケースがあります。まず，その関係会社が監査範囲の会社かどうか確認する必要があります。

　不祥事が発覚した関係会社が監査範囲の会社である場合には，親会社内部監査部門には，関与する権限と責任があります。同時に，これまでの内部監査で，不祥事を起こしかねない内部統制の問題などについて指摘していたかどうかも確かめ，必要に応じて監査対象についてのリスク評価や監

査アプローチを見直さなければなりません。監査範囲外の会社の場合には，監査実施について，事前に関係者の了解を取りつける必要があります。

2. 関係会社不祥事に対する親会社内部監査部門の関与

　関係会社の不祥事に親会社内部監査部門が関与する場合，当社（親会社）とは異なる関係会社のステークホルダー，特に株主に留意する必要があります。100％出資子会社でない場合には，当社以外の株主にとって当該関係会社は子会社や関連会社になっていないかなどの法規制上の関係を確かめる必要があります。特に外国株主の場合には，関係会社不祥事がその国の制度上，出資会社の内部統制などの問題になることがありますので，注意が必要です。また，100％出資子会社の場合も，業種や所在国によって法規制に留意する必要があります。このように，関係会社のステークホルダーと制度上の位置づけに留意して親会社内部監査部門の関与の方法を検討します。

　親会社内部監査部門が関与すべき関係会社不祥事は，往々にして親会社として看過できない不正事案です。不正の事実や疑いがある場合には，不正調査の実施を検討します。不正調査は，通常の内部監査とは異なる手続を含み，専門的スキルを必要とします。不正調査の一般的な手続について下表を参照してください。

　これらの不正調査の手続についてスキルのある人材が内部監査部門にいる場合には，親会社内部監査部門が直接不正調査を行うことが可能です。そうでない場合には，外部の不正調査専門家を起用することになります。不正事案への対処に慣れていない場合には，早い段階から不正調査専門家のサポートを得て事案対処を進めることが望ましいアプローチです。

【不正調査の手続き】

- 通常の内部監査手続き（ヒアリング，資料閲覧・分析，その他の状況に応じた手続き）
- 不正調査独特の手続き
  - 証拠保全……パソコン，携帯電話その他の会社貸与物品・資料を差し押さえて証拠隠滅を防ぐ。
  - 被疑者面談……事実関係などの確認。
  - 不正関連ドキュメントの精査……通常の内部監査で行われる試査（サンプルチェック）によらず，全件厳密に調査する。
  - フォレンジックス（鑑識）……不正調査用ITを投入し，パソコン，携帯電話，サーバに保存されているデータを調べる。パソコンから削除されたデータの復元なども行う。

3. 上場関係会社における不祥事と内部監査

　不祥事が発覚した関係会社が上場企業の場合には，特段の考慮が必要です。どこの国で上場していても，上場会社は，株主をはじめとするステークホルダーに対する責任を負っています。また，わが国をはじめ上場会社には通常，内部監査部門があります。

　上場関係会社で不祥事が発覚した場合には，親会社内部監査部門は，その関係会社の内部監査部門などと連携して対処する必要があります。例えば関係会社の内部監査部門にその会社の内部統制などについての情報提供を求めます。関係会社の内部監査部門が強力であれば，親会社内部監査部門はサポート的な立場にとどまることになると思われます。

4. 関係会社の不祥事の防止策

　不祥事はどの会社でも起こり得ることです。親会社内部監査部門は，不正の3要素（動機・機会・正当化）などに留意して，関係会社の内部統制が有効に機能しているかモニターする必要があります。具体的には，関係会社における内部統制自己評価や内部監査の有無・実施状況を把握し，必要に応じて親会社内部監査部門による往査を計画・実施することになります。

（箱田）

一般社団法人日本内部監査協会
「会長賞」・「青木賞」

　日本内部監査協会は，1987（昭和62）年に，創立30周年を記念し，「会長賞（内部監査優秀実践賞）」および「青木賞（内部監査優秀文献・論文賞）」を創設しました。

　「会長賞」は，わが国の内部監査の発展に資するという目的のもと，協会会員であって，内部監査が制度的に充実し，かつ長期にわたり内部監査活動を継続して積極的に行い，成果をあげ，内部監査の普及・発展に貢献している企業・経営組織体を表彰しています。

　「青木賞」は，故・青木茂男博士（早稲田大学 名誉教授）の内部監査研究業績を記念し，監査に直接・間接に関連する学者・実務家等の研究業績について，優れた著書・論文としてまとめられたものを表彰しています。

　受賞者は，それぞれの審査基準にもとづき，（一社）日本内部監査協会「会長賞」・「青木賞」審査委員会において選考を行い，選定しています。受賞者は，毎年開催される「内部監査推進全国大会」の席上にて授与式が行われ，記念の盾および賞品目録が授与されます。

会長賞

青木賞

Q55 子会社は，当社100％出資で海外（A国）に本社を置いています。この子会社には，100％出資の子会社（B国）および40％出資の合弁会社（C国）の2社があります。親会社である当社から孫会社への出資はありません。連結対象の海外孫会社等への内部監査を効果的に実施するための留意点について教えてください。

A

海外M&Aの盛行から海外関係会社が急激に増加している企業グループをよく見るようになりました。この中には，買収先の会社に関係会社があることから新たに海外孫会社ができた例も散見します。この問のように複数の国にまたがる子会社や孫会社等を擁するようになった企業グループもあります。海外監査は，内部監査の中でも大変難しい領域です。それは，言葉や文化・法制度・ビジネス慣行に違いがあり，現地の関係者への配慮が必要であり，その上，遠くて往査に費用と時間がかかるからです。

これらの海外孫会社等への内部監査は周到に準備して実施することが肝要です。

1. 海外関係会社内部監査体制

海外子会社に加えて海外孫会社等を連結対象とする企業グループは，企業グループ内部体制（Q52参照）をグローバル内部監査体制として構築する必要があります。この場合，グローバル・マネジメントの方式に合わせて内部監査体制を構築することが基本型になります。例えば，グローバル本社集中管理型のマネジメントスタイルをとっている場合には，内部監査体制も親会社集中型になります。また，地域別に分割するマネジメント体制をとっている場合には，各地域本部に内部監査部門を設置する方式が自然です。

2. 海外監査成功のポイント

海外監査は難しいと述べましたが，成功させるためのポイントが以下の通りいくつかあります。

❶ 現地の人たちを理解する

宗教や文化，歴史など，現地の人たちが大切にしていることを理解することは，信頼されるための第一歩です。

❷ 海外関係会社の状況を理解する

次に，日本との違いを含めて現地の状況を事前によく知ることが大切です。往査の準備に海外監査は国内監査の倍以上の時間をかける必要があります。

❸ 監査チームに現地の言葉がわかる人を入れる

言葉の違いを乗り越えるために必要です。内部監査部門に英語などができる人がいない場合には，現地の会計事務所から現地の言葉と日本語のできる人を派遣してもらうという方法もあります。

3. 海外孫会社等往査のポイント

海外孫会社等の内部監査は，通常の内部監査と同様に，リスク分析からフォローアップまで一巡のプロセスを経て行われます。海外孫会社等への内部監査を実施するための留意点は次のとおりです。

❶ リスク分析・計画・実施準備のプロセス

日常的な交流が少ない海外孫会社等の内部監査を実施する場合，実効性のある監査を実施するために，綿密にリスク分析を行い，周到な監査計画を立案することが重要です。

リスク分析は，グループ本社，中核事業会社・カンパニーなどの往査対象会社の統括部門などにおいてヒアリング，資料収集を通して行います。例えば，経理部，法務部，関係会社管理部，事業主管部などに訪問します。本社などでは入手できず監査対象会社にしかない資料は，対象会社に依頼して事前に入手して分析します。コストとのかね合いもありますが，

現地で事前調査ができればリスク分析の充実度が高まります。リスク分析の結果，浮き彫りにされた高リスク領域を中心にリスクを制御するキーコントロールを想定し，そのキーコントロールの整備・運用状況を確かめる監査手法を選択・適用します。

また，海外監査の場合，予定通りに監査が実施できなくとも出直しの出張を行うことは実務的に無理なので，現地面談・インタビューのアポイントメント等，事前準備も丹念に行う必要があります。

❷ 実施プロセス

海外関係会社の内部監査は，出張期間内に予定通りの監査を行って成果をあげる必要がありますので，監査チームは最高のチームワークを維持して，予定通りの監査を完遂するように進捗管理を日々行わなければなりません。

また，国内監査と同様に，問題点があれば深堀りして問題の真因を把握しなければなりません。海外孫会社等は状況がわかりにくいだけに，他の監査よりも格段に難しいと思われます。この難しさをよく認識してチーム内の日々のブリーフィングや関係者とのコミュニケーションを心がける必要があります。時差のある国で外国語に囲まれ，時間に追われながらの監査は体力的にきついものとなりますので健康に気をつけることも大切です。

❸ 報告プロセス

海外孫会社等の内部監査の報告で留意すべきポイントは3点あります。それは，タイムリーな報告と，相手にわかる言語での報告，および本社関連部門へのフィードバックです。

1点目は，国内監査でも重要ですが，海外孫会社等の内部監査の場合，日頃接する機会の少ない現地の役職者に対しても報告を行う必要がありますので，タイムリーな報告が一層重要です。監査期間の最終段階に行われる監査講評で現地マネジメントに重要な問題についての監査指摘や改善提案を的確に行い，問題認識のずれがないようにしなければなりません。そのためには，問題点を発見した都度，被監査部署の担当者と討議して事

実誤認がないように注意して指摘事項をまとめ，また，実現可能で適切な改善提案を行うように心がけなければなりません。したがって，監査講評会の前に被監査部署の関係者に事実関係を確認することも重要です。

2点目は，前述のとおり現地言語対応可能な監査チームを編成して，親会社向けの日本語による監査報告とともに，海外孫会社等やその直接の親会社向けに英語ないし現地言語による監査報告を行うということです。

最後の本社関連部門へのフィードバックとは，海外関係会社内部監査では，監査対象会社単独では解決できない問題が多いことによります。企業グループ運営方針の運用その他，その会社では改善措置が難しい場合，あるいはその会社で特定のスキルセットを備えたスタッフが不足する場合などのケースでは，グループ会社主管部署等に対してフィードバックを行ってサポートを求める必要があります。

海外関係会社内部監査を実施する過程で，グループ本社・統括本部において改善を要する問題を発見することもあります。例えば，グループ本社における管理不備・指示不足などです。このような場合には，グループ本社などにフィードバックして解決を図ることになります。

❹ フォローアップ・プロセス

海外孫会社等内部監査のフォローアップには，一般の内部監査と同様に，内部監査人自身によるフォローアップ監査と被監査部署の管理部署やその会社の直接の親会社によるフォローアップ，という2通りの方法があります。いずれの方法を採用するか検討する際に，その会社に対するマネジメントの方法や地理的遠隔性を考慮する必要があります。

緊急度の高い重要案件については，本社内部監査部門からタイムリーに再出張して内部監査人自身によるフォローアップ監査が必要となります。特に，内部統制報告制度（J-SOX, US SOX など）上の経営者評価として内部監査が行われる場合には，不備改善の全体スケジュールに沿うようにフォローアップを行うことが肝要です。

（箱田）

Q56 当社の内部監査部門と海外子会社の内部監査部門との間でIIA基準の理解が微妙に異なるために，項目によっては内部監査の結果に差が出てしまいます。どのように調整すればよいのでしょうか。

A

　企業グループ全体にわたって組織的に一体感のある内部監査を行うためには，同一の内部監査基準に基づいて内部監査を実施することが不可欠です。しかし，親会社や子会社の内部監査部門の間で基準の理解が異なることがあります。特に，新たに買収した海外子会社にすでにある内部監査部門と親会社内部監査部門との間でそのような差異が表面化することがよくあります。このような場合には，根気よく協議を重ねて調整していくことが大切です。

1. 内部監査基準の重要性

　内部監査の実務を規律して企業グループ全体にわたって一体感のある内部監査を実施するために，内部監査部門が遵守する内部監査の規程類を親会社および内部監査機能をもつ関係会社各社で整備する必要があります。規程類整備の出発点となる内部監査基準の選定は非常に重要です。

　海外子会社に内部監査部門を有する国際的な企業グループは，内部監査がよって立つ内部監査基準として世界的に認められた内部監査のグローバル・スタンダードを，企業グループの内部監査部門全体で依拠する内部監査基準として選定して共有する必要があります。

　内部監査のグローバル・スタンダードは，実務上，米国に本部をもつIIAが公表している「IIA基準」になります。この「IIA基準」を共有して企業グループ全体の内部監査を整備・運用することになります。なお，内部監査人が日本人だけの場合には，「基準」も選択肢になります。

2. 企業グループの内部監査規程類の体系

「IIA基準」(もしくは「基準」)をもとに，企業グループの内部監査規程類の体系をつくります。下図をご覧ください。

【企業グループ内部監査規程類の体系】

```
          ┌─────────────────┐
          │   内部監査基準    │
          └─────────────────┘
                   ▼
     ┌─────────────────────────┐
     │ 企業グループ内部の規定   │
     │ 1. 内部監査規程          │
     │ 2. 内部監査マニュアル    │
     └─────────────────────────┘
                   ▼
     ┌─────────────────────────┐
     │ 内部監査実施の手引き     │
     │ 1. 監査チェックリスト    │
     │ 2. 監査プログラム        │
     └─────────────────────────┘
```

国際的な企業グループの内部監査における留意点は次のとおりです。

❶ 内部監査基準

前述のとおり，企業グループ内部監査関係者の全員が共有できるグローバルな基準を選定します。

❷ 内部監査規程

選定した企業グループの内部監査基準に基づいて親会社および内部監査部門をもつ関係会社で各社の実情に合わせた内部監査規程を策定します。規定する項目は，監査目的・対象範囲，監査組織・管理といった内部監査の基本事項です。監査目的を中心に企業グループ全体の内部監査部門が遵守すべき内部監査チャーター("Internal Audit Charter")を定めることも有益です。

❸ 内部監査マニュアル

内部監査規程で規定された内部監査業務の基本的事項について，各社の

内部監査部門が実施すべき具体的な業務手続についての指針を企業グループ内部監査マニュアルとして取りまとめます。マニュアルは内部監査規程に定められた内部監査業務の実施細則としての意義をもちます。

❹　監査チェックリスト・監査プログラムなど

内部監査実施上の手引きとして，監査項目と監査着眼点をまとめたチェックリストや，具体的な監査手続をまとめた監査プログラムを作成します。

3. 基準解釈・適用についての内部監査部門間の調整

設例のように，親会社と海外子会社の内部監査部門の間で「IIA基準」の理解に違いが生じることがあります。そのことを嘆くべきではありません。むしろ，海外子会社内部監査部門には「IIA基準」について独自の考えをもつだけの力があるということを喜ぶべきです。

解決策は，根気よく協議を重ねて調整していく，というコミュニケーションの努力に尽きます。

内部監査基準についての高い品質を目指す議論を重ねることによって内部監査の専門職としての相互理解が深まり，企業グループ全体の内部監査の高度化につながると思います。

（箱田）

第9章

内部監査の報告とフォローアップ

Q57
内部監査部門所属の各内部監査人の専門分野（内部監査部門に異動するまでの経歴等による）が異なるため，内部監査報告における指摘事項の内容（リスクの大きさの認識，改善に向けての指導内容・具体性・深さ等）に差が出てしまいます。内部監査人全員による検討会により調整を図ることとしていますが，十分ではありません。個人の考えも認め，ある程度の差は許容するようにした方がよいでしょうか，それとも組織として，統一性を高めるようにした方がよいでしょうか。

A

内部監査部門が大所帯の企業は，当然に執行部門も大規模であり，大会社の中でも規模の大きい企業体であることが想定されます。このような規模の組織体では，内部監査部門が共通の尺度をもって業務執行部門を横断的に評価できる一方，監査ステップ全般において調整に時間がかかる傾向があろうかと思います。

また，内部監査部門が業務執行部門から独立した組織体制となっていることを前提として，内部監査人1人ひとり独立した業務の進め方を行っている場合，社内に内部監査人個人の考え方の違いを尊重する風土があることも考えられるため，統一性を高めることを第一に求めるのがよいかどうかについては，まずは社内の合意形成が必要ではないでしょうか。

全部門共通のテーマ，共通の調査内容で監査を計画し実施した場合を想定した合意形成時のポイントについて，実務での経験を踏まえて以下に紹介します。

1. 報告段階で指摘事項の内容に差が出る原因と対応の考え方

監査報告段階で，「指摘事項の内容（リスクの大きさの認識，改善に向けての指導内容・具体性・深さ等）に差が出る」要因と，対応の考え方について記載します。

❶ 調査内容の掘り下げのばらつきに起因するもの

調査内容を事前に設計する段階で，どこまで掘り下げて調査していくかは，業務の実態を想定してあらゆる方向から検討することが重要です。調査票ができあがった段階で監査の成否が概ね決まると考えています。内容が具体的で，監査対象箇所の回答にあいまいなものを許容せず，解釈の余地を排除しておけば報告段階で内容に差が生じにくいものとなりますから，監査プログラムの前工程での準備を工夫することが対策の1つとして考えられます。

しかし，調査対象の範囲が広く，また具体化できない場合（許容レベルを設定・統一できない，もしくは統一することになじまない調査内容）には，往査時に監査対象箇所から得た回答の事実関係について，背景も含めて深堀していく必要があります。これについても，往査前に内部監査部門内で想定QA（なぜ・なぜ問答）を議論しておくことは有効と考えます。

❷ 判断基準が明確でないことに起因するもの

調査内容を事前に明確にして面接聞き取り調査，書類調査，現地調査等を実施しても，評価段階で見解が異なるケースが出てきます。指摘に該当するかどうかの判断基準についても明確になっていれば，後々意見をまとめる際に効率的に進めることが可能となります。

また，往査終了時に評価を行う場合，「問題なし」「良好」「適切」等の評価を告げておきながら，後日「指摘事項」に該当するということになると監査対象箇所からの信頼を損ねることから，担当した内部監査人としてはこの事態を避けたいとの思いが先にたつため，内部監査人全員による検討会での調整を困難にする要因となり得ます。

指摘事項の基準は，客観的で納得感のあるものとなっているかどうかであり，往査前の検討会等の場で確認しておきます。

❸ 内部監査人の情報共有と認識の不足に起因するもの

往査前の内部監査人の人員の割振りにおいて，被監査部署単位に内部監査人を固定し実施すると，往査時の調査状況がお互い見えないため報告段

階で共有できる情報が不足したまま調整を図ることとなります。

そこで，全部門を横断的に往査する内部監査人を加えた体制（同一の内部監査人により全体を俯瞰できるよう対象箇所を選定し往査する）により実施するとで，全体として統一性の確保と矛盾点が生じていないかのチェックがしやすくなるという利点が得られます。

また，上記の利点は，監査報告書を複数の内部監査人が分担して作成する際，全体としての統一性を図り矛盾点が生じていないことを確認する場合にも活かすことができます。

2. 実務における具体的な対応方法

複数の目でチェックすることは実務として有効かつ必要なプロセスですので，内部監査人自身が気付かないところはないか，内部監査人が事実を誤認していないか，誤った解釈をしてないか等を確認できるという点から内部監査人全員による検討会は重要です。

しかし，調査内容や判断基準を事前に明確にできていないと，監査報告段階で検討会でのまとめに時間を要したり，何度も監査記録を確認する手戻りが発生することがあるので，注意が必要です。

監査計画および監査報告の整理を通して，調査内容や判断基準を明確にすることが重要です。具体的には監査計画段階で目的・対象業務・視点・リスク等を整理して，助言・勧告に該当するかどうかの判断基準を設定し，調査内容を漏れなくダブりなく記載するようにします。監査報告段階では，調査内容ごとについて確認した事実を記載し，その背景要因を分析したうえで，監査計画段階で設定した判断基準に則って助言・勧告，改善要望を導くようにします。

最初に設定した目的から逸脱することがないように，当初の目的から最後の助言・勧告事項まで一貫性を絶えず確認することが重要です。

3. 組織としての意見の統一に関する考え方

　個人の考えも認め，ある程度の差は許容するようにした方がよいか，それとも組織として，統一性を高めるようにした方がよいかは，監査の目的がアシュアランス業務として統一性をもって一定水準を保証する部分と，コンサルティング・サービスとして自由な提言を打ち出す部分との違いを明確にし，判断していくことになると思われます。

　指摘事項の内容（リスクの大きさの認識，改善に向けての指導内容・具体性・深さ等）に差が出てしまうこと自体は問題と考えず，各部門を横断的に評価できる利点を活かし，時間的に許容される範囲で活発に議論を交わすことのできる職場環境を維持しつつ，大いに議論はするものの内部監査部門として「まとめ」の段階では一致協力する態勢で臨み，監査の価値をより高めていくことができればよいと思います。

　一方で，指摘を受けて改善するのは業務執行部門ですから，指摘事項の本質・趣旨を対象の業務執行部門が理解し，腑に落ちるものとなるよう，調整時間を十分確保することも必要でしょう。改善に向けての指導内容・具体性・深さ等，内部監査部門の提言はあくまで例示として，それを受けた業務執行部門が主体となって具体的な改善策を策定するものと捉えています。

　その上で，内部監査報告書という形で最終的な結論が表示され，伝達され，保存されるところまでを念頭に入れると，積み上げた客観的な事実（図表，数値，写真等）を根拠として，目的や意義が正確に伝わる記載方法，文章表現についても，様々な角度からの検討と調整を経て作成されるべきものと考えます。

（島戸）

Q58

当社は，事業本部の下に複数の部門を置く組織形態を採っています。内部監査では，部門別に監査を実施していますが，部門別監査における指摘事項で，事業本部全体に関わる内容を指摘する場合があります。事業本部全体に係るリスクに早期に対処することは望ましいことと思いますが，部門別監査において事業本部全体に係る指摘を行うことによって問題が拡大し，解決に長期間要する結果になる場合もあります。許容の範囲内で，部門向けと事業本部向けに指摘を切り分けるべきかと考えますがその基準に悩んでいます。

A

　個別部門に対する内部監査において，その発見事項が事業本部全体（あるいは組織体，企業集団全体）に関わる内容であっても，当然ながら指摘すべきことは指摘する必要があり，内部監査人としての責任であると考えます。ただし，監査報告上はあくまで当該事業部に関する現状の内部統制上の問題点やリスクを放置した場合の課題等の指摘が中心になるでしょう。

　当該部門向けの指摘を改善要望事項とし，より共通的な事業本部向けの指摘については，①監査調書のみに記述しておく，②監査報告書に記載するとしても，参考意見という形をとる，といった対応も考慮する必要があると考えます。

　何を"基準"として部門向けと事業本部向けに切り分けるべきかというご質問ですが，基本的には，重要性の観点から影響額で判定するのには，かなりの困難さが伴うため，当該部門への指摘だけでは解決できない，より共通的な課題を事業本部向けとする，ことになろうかと思います。

　以前からも他の複数の部門で繰り返し発見されているような課題，抜本的に全社システムを改訂する必要があると思われる事象，明らかにスタッフ主管部門（人事，総務，経理等）に対応してもらう必要がある事象，が事業本部向け（場合によっては，全社向け）の指摘という切り分けになると考えます。

内部監査部門で上述の切り分けが明確な場合もありますが，実地監査往査時の部門ヒアリングや監査報告作成過程の監査担当窓口とのやり取りの中で，当該部門だけでは改善が困難，不可能と判断する場合も生じます。したがって，監査報告書を提出後，被監査部署からの改善措置計画提出時に「改善不可能」との回答とならないように，被監査部署と事前のコミュニケーションをしっかりと取ることが必要であると考えます。

　前述とは別に，事業本部長に対して，例えば四半期毎の定期監査報告（概要）という形で，事業本部配下の部門の監査において発見された共通的な課題やリスクを取りまとめて問題提起することも有効と考えます。もちろん，この際には，当該部門の監査窓口を通して，各部門長の意向（部門内で解決可能かどうかの判断）をある程度考慮に入れる必要はあるかもしれません。

　その報告の際に，他の事業本部や関係会社（組織名を特定する必要はないと思います）における類似課題への対応例を，参考として開示することも，組織集団全体の内部統制の改善のスピードをあげることにもつながりますし，内部監査の信頼性を高める１つでもあると考えます。

　その場合に，留意すべきこととしては，自ら策定した改善策を披瀝することや，改善を請け負うことは，内部監査の客観性を損ねることになるということであり，避けるようにすべきであると考えます。

　「基準」2.1.2においても，「内部監査部門は，その対象となる諸活動についていかなる是正権限や責任も負うことなく，内部監査人が内部監査の遂行にあたって不可欠な公正不偏な態度を堅持し，自律的な内部監査活動を行うことができるように，組織体内において独立して組織されなければならない。」とあります。

　また，事業本部で策定されているリスクマップの中で重要度の高いリスクについては，月次（または四半期ごと）で開催されている全社としてのCSR委員会等で内部監査部門長が報告するというのも事業本部全体の課題を早期に解決していく１つの方策と考えます。

（南）

Q59

被監査部署との監査報告書草案の調整に時間がかかってしまいます。内部監査人は正確に指摘を記述したいと考えますが,被監査部署には指摘を書いてほしくないという気持ちがあるようです。アドバイスをお願いします。

A

「IIA 基準」2420 伝達の品質によれば,報告書記載内容が正確,客観的,明確,簡潔,建設的完全かつ適時なものでなければならないとされています。被監査部署との監査報告書草案の調整に相当の時間をかけてでも,最終的な品質を確保しなければならないといえます。ただ,被監査部署の理解を得ていない状態で指摘事項を社長等の経営層へ提出しても逆効果になる懸念もあり,調整を図る目的を確認しておきます。

① 確認した事実について誤認がないか
② 事実に基づく評価が妥当なものか
③ 結論としての改善措置の内容を被監査部署が受け入れ,自ら措置を実施できるもの(実現可能)となっているか

現実的には,個々の企業(組織体)において内部監査部門が様々な経緯で設置され,その後の時を経て年数を重ねる中で変化し,現在の姿があることや,社長の一存ですべてが決められる規模の会社から,会社法や,金融商品取引法の規制を受け内部統制システムが整備され運用されている組織体とでは大きく異なるため,様々な要因により監査報告書草案の調整に苦慮されているものと思います。

指摘することが目的といった監査に対する古い観念をそのまま引きずっている場合には,内部監査自体に抵抗感があるため,その結果としての指摘に対してもマイナスイメージの先入観が根付いてしまっているかもしれません。また,内部監査部門が指摘事項を抽出せず「問題なし」の評価であっては成果とならないと考えられている場合もあるかもしれません。

報告書作成段階に限らず,日頃からの環境整備を含めたポイントについて,実務での経験も踏まえて以下に紹介します。

1. 被監査部署が指摘を書いてほしくない原因と対応の考え方

　被監査部署が監査報告書に指摘を書いてほしくないという気持ちは，誰もが叱られるよりも褒められる方を選択するという心境として理解できます。特に，組織の規模にかかわらず古来の日本的経営が染み付いている組織体では，論理性よりも体裁や体面に重きが置かれていることも想定されますので，一朝一夕に解決を見ることは難しく，時間をかけて被監査部署が受け入れられる環境と信頼関係を築いていく中で時間をかけて解きほぐしていくものかと思います。それらを前提に要因とその対応の考え方について記載します。

❶ 内部監査に係る目的の理解に起因するもの

　監査の目的が指摘することそのものではなく，経営目標の達成に資することである旨を内部監査に係る基本規程に明確に示し，さらに下位の規程・マニュアル等で内容をわかりやすく解説する等，環境整備をしておきます。

　また，経営層から被監査部署となる従業員に対し，上記監査の目的について十分なメッセージの発信が行われることにより，組織体内への伝達と理解促進につなげていきます。

　さらに，内部監査部門が被監査部署に対して上記監査の目的について，理解普及を広める活動も同時併行して行っていきます。

　上記の取組みを進めていても，被監査部署の管理責任者が，内部監査部門から指摘を受けることについて指摘がないことを最善と考え，指摘件数はマイナス点であるといった誤った理解をされていると，被監査部署の担当者はマイナス評価をなるべくなくしたいという心理から，拒否感が前面に出てきてしまうことになります。調整が特に難航する等，被監査部署に偏りがある場合は，当該管理責任者の考え方が影響している可能性を考慮して対応していきます。

❷ 内部監査部門が独立していないことに起因するもの

　その他では，内部監査人が組織的に独立していないことで，管理部門と

しての指摘，指導権限と混同されている場合も考えられます。この場合，組織改正により独立性を明確にすることが考えられますが，組織体の制約から困難であれば，運用上の対応として明確な区分を行い，内部監査の領域を示すことが考えられます。

2. 実務における具体的な対応事例

具体的な対応方法としては，以下のようなものが考えられます。

❶ 内部監査に係る基本規程での内部監査の目的の明確化

内部監査に係る基本規程の本文第1条（目的）において，「この規程は，当社における内部監査の計画・実施・報告に関する基本的事項を定め，内部監査を円滑かつ効果的に運営することにより内部統制システムが有効に機能し，持って経営目標の達成に資することを目的とする。」など，指摘事項の発見が目的でないことを明記します。また，監査の対象範囲は会社の業務活動全体に及ぶことを明記し，業務監査は独立性と客観性をもって業務遂行を点検・評価し，経営目標の達成に貢献する助言や勧告を行うということを規程として明確に整備しておく必要があります。

❷ 監査前の被監査部署への十分な説明

上記❶の内部監査の目的の理解普及を広める取組みとして，往査時に実施する被監査部署との監査前会議で十分に内部監査の目的を説明することが重要です。「ありたい姿」「現状」「更なる改善や効率化を支援するための取り組み」などをわかりやすく図にして盛り込んだ資料を作成して配布したり，被監査部署に対面で説明したり，また「業務監査と監査役監査や会計士監査との違いは何か？」や「被監査部署がなぜ監査対象に選ばれたのか？」など質疑応答の機会も設けたりしてPRすると有効でしょう。

さらに，内部監査による助言・勧告を行った結果業務が改善した例をベスト・プラクティスとして積極的に取り上げる等，よい点を認めることで監査への前向きなイメージの醸成に取組むとよいでしょう。

3. 指摘の書き方の調整に関する考え方

　冒頭に記載の①確認した事実について誤認がないか，②事実に基づく評価が妥当なものか，③結論としての改善措置の内容を被監査部署が受け入れ，自ら措置を実施できるもの（実現可能）となっているかを合意した場合でも，報告書提出までの限られた時間内において，指摘の書きぶり調整では折り合いがつかない場合もあろうかと思います。そのような場合，「内部監査基準実践要綱」（平成18年6月）[6]1.(2)報告基準④で「……内部監査部門としての意見と，相手方の見解とをあわせて記載することが望ましい」とする内容を被監査部署の選択肢として提供することも考えられます。

　また，指摘事項の対象となる被監査部署名を特定しないとか，指摘事項に対する改善措置の期限を報告書作成時期までに合意の上，その期間内に措置を完了した場合は報告書に記載しないこととする等，監査の目的を損なわない範囲で柔軟に対応できる選択肢も用意しておきます。

　まずは，社内の実情に合わせたやり方から試行して，段階的に経営目標達成のための環境整備を図ることが近道といえます。

（島戸）

Q60
内部監査結果や改善提案を社内（グループ会社）で情報共有することは，啓蒙や教育の面からも有効と考えています。しかし，当然のことながら，機密事項を含みますから，情報漏えいリスクを考慮することも必要です。公表の範囲は役職面，内容面でどの程度が適当でしょうか。

A

　内部監査結果や改善提案を社内やグループ会社に情報共有することは，重大な不正案件や不適切な会計処理の再発防止を抑制する効果があり，また，組織体全体の内部統制の意識を高める意味においても，非常に重要であると考えております。

　しかしながら，ご指摘のように，「基準」3.2.3において，「内部監査人は，職務上知り得た事実を慎重に取り扱い，正当な理由なく他に漏えいしてはならない。」とあり，仮に組織名を開示しないまでも，問題事象の内容のどこまでを組織体内で開示するか，についてはかなりセンシティブな判断が求められます。

　これについては，まずは，内部監査部門の直属の上司である最高経営者（多くのケースでは，社長），監査役，内部統制を担当する役員等への報告の際に，それぞれの意向を確認，集約した上で，最終的には内部監査部門長が判断することになると考えます。

　その開示の場としては，まず会社における最高決定機関であり，各部門のトップである役員が参加する経営会議（あるいは経営戦略会議）が最適であると考えます。その会議において，内部監査結果や改善提案等が主要役員の間で共有されることにより，不正や不祥事等の未然防止が図られ，会社内で自浄作用を働かせることを可能にすることになり，内部監査部門活動として経営に資する望ましい姿であると考えます。

　当初は抵抗を見せる役員がいるかもしれませんが，このような開示を定期的に実施することにより，ここでの情報開示が自身の配下の問題発生を未然防止，抑制するということを徐々に理解していくものと思います。

会社の内部統制の成熟度に応じて，対象の組織を明示することも，信賞必罰の意味で必要になると考えます。この対象組織の実名での公表は最高経営者のコンプライアンスに対する重要性の認識を示すことになり，良好な統制環境の表れと評価できるものと思われます。一方で，この場合，内部監査の活動に対して，被監査部署は自身の問題点を公表されないよう非協力的になるか，情報を隠蔽するリスクが生じます。

　このようなリスクを防ぐには，経営トップからの強いメッセージが必要であり，内部監査部門長が常日頃からいかに経営トップに対して良好なコミュニケーションをとり，啓発しているかが重要なポイントとなります。組織名をマスキングした上で，このような事象（例えば，長期停滞資産）を監査する中で，重要な発見事項が出てきており，他の部門において，同様または類似の事象が発生していないかを内部でモニタリングするよう経営トップが指示することは，不正や不適切な処理の未然防止には非常に重要なことと思われます。

　各種教育や情報共有の場でも，組織名を出すかどうかはさておき，監査発見事項およびそれに対する改善施策等を周知していくことが重要なことであると考えます。

　教育においては，新入社員教育，新任管理職教育，技術者向けの教育などでの発表が例としてあげられます。このような開示による啓発は，会社色に染まっていない新入社員にとって重要ですし，新任の管理職にとっても部下を含めて組織全体を啓発する役割であることを意識づけるためにも重要であると考えます。階層によって，開示範囲に多少差異があるかもしれませんが，基本的には，内部監査部門長が正当な注意を払って判断していけばよいと考えます。

　また，企業集団の内部統制強化に向けて関係会社の監査役，経理部門長，内部統制推進部長，等を集めた情報共有の場においての発表も必要かと思いますが，発表の内容については，経営会議での開示事項をそのまま示すことでよいでしょう。

（南）

Q61 当社では，原則として「監査結果より判明した改善未了事項については，完了するまで追跡フォローアップする」こととなっています。しかし，部門によっては，当初の監査から数えてフォローアップを複数回実施しても改善未了事項が残存してしまうケースがあります。効率的かつ効果的なフォローアップの方法について，よい事例があれば教えてください。

A

「基準」8.5.1によれば，「内部監査部門長は，内部監査の結果に基づく指摘事項および勧告について，対象部門や関連部門がいかなる是正措置を講じたかに関して，その後の状況を継続的にモニタリングするためのフォローアップ・プロセスを構築し，これを維持しなければならない。」とし，また，8.5.2によれば，「内部監査部門長は，是正措置が実現困難な場合にはその原因を確認するとともに阻害要因の除去等についての具体的な方策を提言するなどフォロー活動を行わなければならない」とされています。

内部監査特有の特徴ともいえるフォローアップ活動は，内部監査部門が組織体の中に常設の機関として置かれ，異常の発生を感知する監視とともに，是正措置状況の見守り活動としての日常的なモニタリングを実施する役割を担っていると考えています。

改善勧告の内容は適切であったことを前提に，効率的かつ効果的なフォローアップに必要なことは何かについて，実務の経験を踏まえ以下に紹介します。

1. 改善未了事項が残存する原因と対応の考え方

「原則として，監査結果より判明した改善未了事項については，完了するまで追跡フォローアップする」との内容，および後段の「フォローアップを複数回実施しても改善未了事項が残存してしまうケースがあります。」との記述から，改善未了事項の内容が真に経営目標の達成を阻害するリス

クが大きいものである場合と，同リスクは小さいと考えられている場合とに分けて考えたいと思います。さらに，是正措置である改善未了事項が客観的に見て実現困難な状況に陥っているかどうか，仮に実現困難な場合にどのような原因が考えられ，阻害要因の除去等についての具体的な方策はどのように構築していくのか，要因と，対応の考え方について記載します。

❶ 要因1：フォローアップに係る社内規程類の取決め方に起因するもの

　内部監査のフォローアップに係る社内規程類，取決め事項等の詳細に文書化された手続が，内部監査人の業務の進め方を機械的，あるいは形式的な活動として拘束している場合が考えられます。この対応として，改善未了事項の内容が，経営目標の達成を阻害するリスクとして十分に小さいものであればフォローアップ完了とし，日常モニタリング活動に移行する仕組みにすることが有効と考えます。また，文書化された手続がフォローアップの方法を細かく規定しすぎていて，効率性を阻害している場合も考えられます。この場合，規程類ではフォローアップの基本的考え方のみを規定し，細部は参考事例にする等，実務で起こり得る様々な状況に対応できる柔軟性をもたせます。

❷ 要因2：改善措置の内容（規模の大きさ）に起因するもの

　改善未了事項の内容が真に経営目標の達成を阻害するリスクの大きいものである場合，完了できない原因として是正に要する措置の規模が大きく，費用と時間，労力を要することがあげられます。助言・勧告事項の背景に監査報告時点では表明されていない課題が潜んでいたという場合，例えば，「原因が根深くスキームの変更等，業務の仕組みを根底から変える必要がある（時代の流れに追随しておらず，法令等の社会的な要請，顧客ニーズに合っていない）」，「やらねばならないことではあるが，決断が先送りされる」，「経営管理者が本気になっていない」，「人事の若返りまでの間は手がつけられない」，このような状況が見られた場合，当該の改善措置実施部門に対し改善計画の見直しを依頼し，フォローアップまでの期間を設定し直します。

❸ 要因3：改善未了と判断する内部監査部門と業務執行部門の認識の違いに起因するもの

　業務執行部門において是正措置が実現困難な状況に陥っている場合，その原因について明らかにするとともに，阻害要因の除去等についての支援，解決のための有効な提言が必要とされています。ところが，改善措置の内容について内部監査部門が判断する改善された状態と，業務執行部門が受止める改善措置にリスクの大きさや，受容可否の認識の違いがあると，それが阻害要因となっていることが考えられます。この場合，内部監査部門長と業務執行部門の責任者の認識のギャップを明らかにするための機会を設けた上で，認識を合わせるための会合を繰り返し行います。

2. 実務における具体的な対応事例

　上記1．の要因の中から実施してきた事例を，以下に紹介します。

　要因1の社内規程類の取決め方に関しては，内部監査の基本規程で「監査責任者は，改善勧告がある場合には，フォロー調査を実施し，その改善に対する取組み状況を確認する。改善取組みに関わる調査の結果は，フォロー結果報告書にまとめ，経営会議を経て社長に報告する。」としているのみです。実務では，どのようなフォローアップ手順でどのような状態を完了とするかは内部監査人に委ね，最終的には最高経営者に報告して完了となります。

　要因2に関する事例では，監査報告を受けた最高経営者が，監査をきっかけに，業務執行部門の改善措置とは別に組織改正，要員配置等で内部統制の仕組みの整備を進め，組織体の内部から新たな不具合事象の発生を防止するという措置がなされました。直接のフォローアップ活動の結果ではありませんが，内部監査が機能した手応えを感じています。

　要因3では，業務執行部門が受止めるリスクの大きさや，受容可否の認識の違いについて，日常のモニタリングで客観的な事実を把握するよう努めています。一例として，業務執行部門が実施済みであるとする改善措置

が業務処理に反映され，残存リスクが十分に許容できる状態となっているか，独自に情報・データ収集できる業務系 IT システムへのアクセスにより確認しています。

3. 効率的かつ効果的なフォローアップに関する考え方

経営目標の達成のためには，必ずクリアしないといけない措置内容が未了であれば，内部監査人は，改善未了事項がなくなるまで，熱く（周囲からは悟られないように淡白に振舞い），執念深く見守り続けなければならないと考えています。

しかしながら，フォローアップの方法に限らず，とかく内部監査部門の視点であるべき論を突き詰めていくと，業務執行部門にとっては窮屈な規程ができあがります。社内規則だからということで，それをそのまま運用していると現実との乖離（ギャップ）が大きくなって，やがては悲鳴を上げるか，無視するか，望まぬ方向へ舵を切る最大の原因となる危険があるので注意が必要です。

改善すべき内容の優先順位が低いことや，改善の費用対効果が低い等改善提言内容が適切でなかったことが改善未了となる原因にならないよう，自己診断（内部評価）はもとより，内部監査の第三者評価を活用することが考えられます。

効率的かつ効果的なフォローを目指すには，内部監査の品質評価面についてもチェックし，PDCA サイクルを回していくことが大事です。

（島戸）

Q62

当社の内部監査部門は，当社だけでなく，国内外の子会社も監査の対象としています。監査結果として示した改善要望事項のフォローアップを継続確認していますが，子会社については親会社よりも改善のスピードが遅く，親会社と同レベルまでの改善が困難です。人材不足が多少影響していると考えますが，改善をもっと速くし，かつ本社単体と同レベルまでレベルアップをするのによい方法があれば教えてください。

A

　基本的には，内部統制は会社の業態・規模あるいは各国の事情に応じて相違するものです。したがって，親会社と同様の内部統制を構築する必要はなく，逆に子会社においてそれを目指すあまり，統制が過剰，業務が非効率になり，内部統制の形骸化が生じる場合もあります。身の丈に応じた内部統制を構築することが，改善のスピードを上げることにもなると考えます。いずれにしても，改善提案をする前に，その子会社を主管する部門や，内部統制を主管する部門と相談することも必要でしょう。

　親会社と同様のレベルになっていない，当該子会社の規定に即していないからという理由で，改善提案されたとしても，子会社側での対応する人材不足もさることながら，そもそも不要に重い統制を提案している可能性もありますので，注意が必要です。

　一方で，最近ではグループ会社による不正・不適切な処理の発覚が散見されており，2014年に改正された会社法においては，親会社に対して子会社の内部統制の整備・運用を確保させる方向になってきています。親会社と同様の内部統制のレベルアップが求められています。

　「基準」の3.2.2「内部監査人としての正当な注意」の中で，特に留意すべき事項の1つとして，「⑥組織体集団の管理体制」が直近の改訂で追加されているのは，そのような環境の変化を反映した形となっております。

　それでは，子会社の改善のため，内部監査を効果的に実施する方策を考

察致します。

　まず，内部監査基本規程を当該親会社のみならず企業集団全体に遵守すべき規程と位置づけた上で，親会社による内部監査の受け入れおよび監査への協力義務を明記することが必要と考えます。それでも不十分と思われる場合には，子会社の定款の中に，同様の遵守事項を盛り込む等で，さらに強制力を高めていくこともよいのではないかと考えます。

　子会社の監査役を活用するのも1つの方策であると考えます。親会社の内部監査部門との連携を強化し，当該子会社の監査役からも改善要望事項の改善措置の進捗状況を確認していきます。監査役側でも，自身の監査内容の充実につながるものと考えます。

　それを一歩進めた形で，子会社の監査役を親会社の内部監査部門に所属させ，複数の子会社の監査役を専門に行う役割を担わせる，派遣監査役制度の導入を検討されてはいかがでしょうか。準監査役，専任監査役とも呼ばれ，最近この制度を導入される会社が増加してきています。

　内部監査部門長は，「フォローアップ・プロセスを構築し」（「基準」8.5.1），「是正措置が実現困難な場合には，その原因を確認するとともに，阻害要因の除去等についての具体的な方策を提言」（「基準」8.5.2）していく義務を負っています。前述プロセスを通じても，子会社の社長が改善措置を実施しない場合には，「内部監査部門長は，組織体にとって受容できないのではないかとされる水準のリスクを経営管理者が受容していると結論づけた場合には，その問題について最高経営者と話し合わなければならない。内部監査部門長は，それでもなおその問題が解決されていないと判断した場合には，当該事項を取締役会および監査役（会）または監査委員会に伝達しなければならない。」（「基準」8.5.3）としています。

　このような極端な場合になりますと，内部監査を超えた会社対会社の問題になり，当該子会社との関係を考慮すれば，極力回避すべきではありますが，内部監査部門長は，このような可能性があることを子会社の社長につきつける必要もあります。

　　　　　　　　　　　　　　　　　　　　　　　　　　　　　　（南）

資料

内部監査基準

内部監査基準

昭和 35（1960）年制定
昭和 52（1977）年改訂
平成 8（1996）年改訂
平成 16（2004）年改訂
平成 26（2014）年改訂

一般社団法人日本内部監査協会
　この「内部監査基準」は，平成 26 年 5 月 23 日開催の一般社団法人日本内部監査協会・第 75 回理事会において承認されたものである。

目　次
内部監査の必要および内部監査基準の目的・運用
第 1 章　内部監査の本質
第 2 章　内部監査の独立性と組織上の位置づけ
　第 1 節　内部監査の独立性と客観性
　第 2 節　内部監査部門の組織上の位置づけ
　第 3 節　内部監査人の責任と権限の明確化
第 3 章　内部監査人の能力および正当な注意
　第 1 節　専門的能力
　第 2 節　専門職としての正当な注意
第 4 章　内部監査の品質管理
　第 1 節　品質管理プログラムの作成と保持
　第 2 節　品質管理プログラムによる評価の実施
　第 3 節　品質管理プログラムによる評価結果の報告
　第 4 節　「基準に従って実施された」旨の記載
　第 5 節　基準から逸脱した場合の報告
第 5 章　内部監査部門の運営
　第 1 節　中・長期基本方針の策定
　第 2 節　リスク評価に基づく計画の策定
　第 3 節　計画の報告および承認
　第 4 節　監査資源の管理
　第 5 節　連携
　第 6 節　内部監査業務の外部委託
　第 7 節　最高経営者および取締役会への定期的な報告
第 6 章　内部監査の対象範囲
　第 1 節　ガバナンス・プロセス
　第 2 節　リスク・マネジメント
　第 3 節　コントロール
第 7 章　個別の内部監査の計画と実施
　第 1 節　内部監査実施計画
　第 2 節　内部監査の実施
第 8 章　内部監査の報告とフォローアップ
　第 1 節　内部監査結果の報告
　第 2 節　内部監査報告書
　第 3 節　内部監査結果の組織体外部への開示
　第 4 節　アドバイザリー業務の報告
　第 5 節　内部監査のフォローアップ
第 9 章　内部監査と法定監査との関係

内部監査の必要および
内部監査基準の目的・運用

1. 内部監査の必要

　組織体が，その経営目標を効果的に達成し，かつ存続するためには，ガバナンス・プロセス，リスク・マネジメントおよびコントロールを確立し，選択した方針に沿って，これらを効率的に推進し，組織体に所属する人々の規律保持と士気の高揚を促すとともに，社会的な信頼性を確保することが望まれる。内部監査は，ガバナンス・プロセス，リスク・マネジメントおよびコントロールの妥当性と有効性とを評価し，改善に貢献する。経営環境の変化に迅速に適応するように，必要に応じて，組織体の発展にとって最も有効な改善策を助言・勧告するとともに，その実現を支援する。

　ガバナンス・プロセス，リスク・マネジメントおよびコントロールの評価は，権限委譲に基づく分権管理を前提として実施される。しかも，この分権化の程度は，組織体が大規模化し，分社化や組織体集団の管理がすすみ，組織体の活動範囲が国際的に拡張するにしたがい，より一層高度化する。この分権管理が組織体の目標達成に向けて効果的に行われるようにするためには，内部監査による独立の立場からの客観的な評価が必要不可欠になる。

　個々の組織体の内部監査機能は，それに対する期待やその内容の整備・充実の程度によって必ずしも一様とはいえない。この内部監査機能が効果的に遂行されることによって，例えば，次のような要請に応えることができる。
(1) 経営目標および最高経営者が認識しているリスクの組織体全体への浸透
(2) ビジネス・リスクに対応した有効なコントロールの充実・促進
(3) 内部統制の目標の効果的な達成（法定監査の実施に資することを含む）
(4) 組織体の各階層にある管理者の支援
(5) 部門間の連携の確保等による経営活動の合理化の促進
(6) 組織体集団の管理方針の確立と周知徹底
(7) 事業活動の国際化に対応した在外事業拠点への貢献
(8) 情報システムの効果的な運用の促進
(9) 効果的な環境管理システムの確立

2. 内部監査基準の目的・運用

　この内部監査基準は，内部監査が，組織体の持続のために，組織体のなかにあってどのような役割を果たす機能であるのか，そして，その担い手である内部監査人は，いかなる資質と独立性とを有し，かつ，組織体内の各部門等に対してどのようなあり方をとるのか，また，内部監査部門は，自らの業務の質をどのように高めていくのか，さらに，組織体に対する他の監査とどのような関係にあるのかを明らかにし，内部監査人が内部監査の実施にあたって遵守すべき事項，および実施することが望ましい事項を示したものである。

　この基準の目的は，次のとおりである。
(1) 内部監査の実務において範となるべき基本原則を明らかにすること
(2) 組織体の目標達成のために内部監査を実施し，これを推進するためのフレームワークを提供すること
(3) 内部監査の実施とその成果を評価する規準を確立すること
(4) 内部監査が組織体の運営プロセスや諸業務の改善の促進に役立つこと
(5) 内部監査の実施内容の開示に関する要件の基礎を提供すること

しかしながら，各組織体における内部監査は，設置の目的，適用される法令，業種とその競争状況，規模，その他組織体の環境や組織体特有の条件により，その実施の方法を異にしている。

したがって，この基準を適用するにあたっては，個々の組織体に特有の条件を理解してこれを勘案し，この基準を前提にしながら，個々の組織体に真に適合する内部監査の実施方法をとっていくことが必要である。

各組織体においては，それぞれに特有の内部監査の実施方法がとられるにしても，内部監査人がその責任を果たすにあたっては，この基準が尊重されなければならない。この基準の説明または適用にあたっての参考として，別に『内部監査基準実践要綱』が作成されている。

また，内部監査基準の遵守を強く求める傾向が近年海外で強まっているけれども，内部監査基準は組織体における内部監査にあたり実施可能にして合理的である限り遵守されなければならない性質のものである。したがって，内部監査人はこの基準に示されている内容が実施可能にして合理的であるかを判断して内部監査を実施し，みずからの精神的態度の公正不偏性（客観性）を保持することが重要である。

第1章　内部監査の本質

1.0.1　内部監査とは，組織体の経営目標の効果的な達成に役立つことを目的として，合法性と合理性の観点から公正かつ独立の立場で，ガバナンス・プロセス，リスク・マネジメントおよびコントロールに関連する経営諸活動の遂行状況を，内部監査人としての規律遵守の態度をもって評価し，これに基づいて客観的意見を述べ，助言・勧告を行うアシュアランス業務，および特定の経営諸活動の支援を行うアドバイザリー業務である。

第2章　内部監査の独立性と組織上の位置づけ

第1節　内部監査の独立性と客観性

2.1.1　内部監査人は，内部監査が効果的にその目的を達成するため，内部監査の実施において，他からの制約を受けることなく自由に，かつ，公正不偏な態度で内部監査を遂行し得る環境になければならない。

2.1.2　内部監査部門は，その対象となる諸活動についていかなる是正権限や責任も負うことなく，内部監査人が内部監査の遂行にあたって不可欠な公正不偏な態度を堅持し，自律的な内部監査活動を行うことができるように，組織体内において独立して組織されなければならない。

2.1.3　内部監査部門長は，独立性または客観性が損なわれていると認められる場合には，その具体的内容を，喪失の程度に応じて，最高経営者その他適切な関係者に報告しなければならない。

2.1.4　内部監査人は，以前に責任を負った業務について，特別のやむを得ない事情がある場合を除き，少なくとも1年間は，当該業務に対するアシュアランス業務を行ってはならない。

2.1.5　また，内部監査部門長が兼務している内部監査以外の業務に対するアシュアランス業務は，内部監査部門以外の者の監督下で実施されなければならない。

2.1.6　内部監査人は，以前に責任を負っていた業務についてのアドバイザリー業務を実施することはできる。ただし，この場合であっても，客観性が保持されないと認められるときは，事前に依頼部門に対してその旨を明らかにしなければならない。

第2節　内部監査部門の組織上の位置づけ

2.2.1　内部監査部門は，組織上，最高経営者に直属し，職務上取締役会から指示を受け，同時に，取締役会および監査役（会）または監査委員会への報告経路を確保しなければならない。

2.2.2　組織体の事情により内部監査部門を最高経営者以外に所属させようとする場合には，内部監査の独立性が十分に保持され，内部監査の結果としての指摘事項，助言および勧告に対して適切な措置を講じ得る経営者層に所属させなければならない。またこの場合であっても，取締役会および監査役（会）または監査委員会への報告経路を確保しなければならない。

第3節　内部監査人の責任と権限の明確化

2.3.1　内部監査を効果的に実施していくために，内部監査部門の目的に照らし，内部監査人の責任および権限についての基本的事項が，最高経営者および取締役会によって承認された組織体の基本規程として明記されなければならない。

2.3.2　また，内部監査部門長は，当該基本規程を適時に見直し，最高経営者および取締役会の承認を得なければならない。

第3章　内部監査人の能力および正当な注意

3.0.1　内部監査人は，組織体における自己の使命を強く認識し，熟達した専門的能力と専門職としての正当な注意をもって職責を全うしなければならない。

第1節　専門的能力

3.1.1　内部監査人は，その職責を果たすに十分な知識，技能およびその他の能力を個々人として有していなければならない。さらに内部監査人は，内部監査の遂行に必要な知識，技能およびその他の能力を継続的に研鑽し，それらの一層の向上を図ることにより，内部監査の質的維持・向上，ひいては内部監査に対する信頼性の確保に努めなければならない。

3.1.2　また，内部監査部門長は，部門全体として，内部監査の役割を果たすに十分な知識，技能およびその他の能力を有するよう適切な措置を講じなければならず，特に内部監査人に対し，専門的知識，技能およびその他の能力を維持・向上することができるように支援しなければならない。

第2節　専門職としての正当な注意

3.2.1　内部監査人は，内部監査の実施にあたって，内部監査人としての正当な注意を払わなければならない。

3.2.2　内部監査人としての正当な注意とは，内部監査の実施過程で専門職として当然払うべき注意であり，以下の事項について特に留意しなければならない。

① 監査証拠の入手と評価に際し必要とされる監査手続の適用
② ガバナンス・プロセスの有効性
③ リスク・マネジメントおよびコントロールの妥当性および有効性
④ 違法，不正，著しい不当および重大な誤謬のおそれ
⑤ 情報システムの妥当性，有効性および安全性
⑥ 組織体集団の管理体制
⑦ 監査能力の限界についての認識とその補完対策
⑧ 監査意見の形成および内部監査報告書の作成にあたっての適切な処理
⑨ 費用対効果

なお，正当な注意は，全く過失のないことを意味するものではない。また，内部監査人としての正当な注意を払って内部監査を実施した場合においても，すべての重大なリスク

を識別したことを意味するものではない。
3.2.3 内部監査人は，職務上知り得た事実を慎重に取り扱い，正当な理由なく他に漏洩してはならない。
3.2.4 内部監査部門長は，内部監査人が内部監査人としての正当な注意を払い，内部監査を実施するように，指導し，監督しなければならない。

第4章　内部監査の品質管理

第1節　品質管理プログラムの作成と保持

4.1.1 内部監査部門長は，内部監査の品質を合理的に保証し，その品質を継続的に改善していくために，品質管理プログラムを作成，保持し，適時に見直さなければならない。

4.1.2 品質管理プログラムは，内部監査部門および内部監査人が当協会の定める「倫理綱要」および「内部監査基準」を遵守していることを評価できるものでなければならない。

第2節　品質管理プログラムによる評価の実施

4.2.1 内部監査部門長は，品質管理プログラムに内部監査活動の有効性および効率性を持続的に監視する品質評価を含めなければならない。品質評価は内部評価および外部評価から成る。

4.2.2 内部評価は，以下の事項から構成されなければならない。なお，②に掲げる評価は，少なくとも年に1回，実施されなければならない。
① 内部監査部門の日常的業務に組み込まれた継続的モニタリング
② 定期的自己評価，または組織体内の内部監査の実施について十分な知識を有する内部監査部門以外の者によって実施される定期的評価

4.2.3 外部評価は，内部評価と比較して内部監査の品質をより客観的に評価する手段として有効であるため，組織体外部の適格かつ独立の者によって，少なくとも5年ごとに実施されなければならない。

第3節　品質管理プログラムによる評価結果の報告

4.3.1 内部監査部門長は，少なくとも年に1回，品質管理プログラムによる評価結果を最高経営者，取締役会および監査役（会）または監査委員会に報告しなければならない。

第4節　「基準に従って実施された」旨の記載

4.4.1 内部監査が，品質管理プログラムによる評価によって，「倫理綱要」および「内部監査基準」を遵守していると認められた場合には，内部監査に係る報告書において，「一般社団法人日本内部監査協会の定める『倫理綱要』および『内部監査基準』に従って内部監査が実施されている」旨を記載することができる。

第5節　基準から逸脱した場合の報告

4.5.1 内部監査部門長は，「倫理綱要」および「内部監査基準」から逸脱していると認められた事実が内部監査の監査範囲または監査結果に重要な影響を与える場合には，その逸脱事項とその影響および是正措置を最高経営者，取締役会および監査役（会）または監査委員会にすみやかに報告しなければならない。

第5章　内部監査部門の運営

第1節　中・長期基本方針の策定

5.1.1 内部監査部門長は，組織体として対処すべき課題を意識し，内部監査が組織体の経営目標の効果的な達成に役立つよう

に，内部監査部門を適切に運営しなければならない。

5.1.2 内部監査部門長は，組織体の中・長期計画に関連した内部監査部門の中・長期基本方針を策定しなければならない。当該基本方針には，内部監査の基本的方向性，要員の充実計画，システム化計画，予算および重要な技法を含めなければならない。

5.1.3 また，内部監査部門長は，内部監査部門の中・長期基本方針について最高経営者および取締役会の承認を得なければならず，経営環境の変化等に応じて，適時にこれを見直し，修正しなければならない。

第2節　リスク評価に基づく計画の策定

5.2.1 内部監査部門長は，組織体の目標に適合するよう内部監査実施の優先順位を決定すべく，最低でも年次で行われるリスク評価の結果に基づいて内部監査計画を策定しなければならない。なお，リスク評価のプロセスにおいては，最高経営者および取締役会からの意見を考慮しなければならない。

5.2.2 また，内部監査部門長は，組織体内外の環境に重大な変化が生じた場合には，必要に応じリスク評価の結果を見直し，内部監査計画の変更を検討しなければならない。

第3節　計画の報告および承認

5.3.1 内部監査部門長は，内部監査計画について，あらかじめ最高経営者および取締役会に報告し，承認を得なければならない。

5.3.2 内部監査部門長は，当該計画に重大な変更が生じた場合には，その事由と変更された計画について，最高経営者および取締役会に報告し，承認を得なければならない。また，監査資源の制約により計画に影響が生じる場合には，その影響についても報告しなければならない。

第4節　監査資源の管理

5.4.1 内部監査部門長は，承認された内部監査計画の達成のために，十分かつ適切な監査資源を確保し，これを効果的に活用しなければならない。

第5節　連携

5.5.1 内部監査部門長は，適切な監査範囲を確保し，かつ，業務の重複を最小限に抑えるために，外部監査人，監査役（会）または監査委員会等との連携を考慮しなければならない。

5.5.2 また，内部監査部門長は，アドバイザリー業務の実施にあたっては内部監査部門以外によるコンサルティング業務との調整を図るものとする。

第6節　内部監査業務の外部委託

5.6.1 内部監査部門長は，内部監査業務を外部に委託する場合であっても，当該業務に責任を負わなければならない。

第7節　最高経営者および取締役会への定期的な報告

5.7.1 内部監査部門長は，内部監査計画に基づいて実施された監査の目標，範囲およびその結果について，定期的に最高経営者および取締役会に報告しなければならない。また，これらに加えて，ガバナンス・プロセス，リスク・マネジメントおよびコントロールに係る問題点，その他最高経営者または取締役会によって必要とされる事項も報告しなければならない。

第6章　内部監査の対象範囲

6.0.1 内部監査は，原則として組織体およびその集団に係るガバナンス・プロセス，

リスク・マネジメントおよびコントロールに関連するすべての経営諸活動を対象範囲としなければならない。また，組織体の目標を達成するよう，それらが体系的に統合されているかも対象範囲としなければならない。なお，対象範囲の決定にあたっては，監査リスクが合理的水準に抑制されていなければならない。

第1節　ガバナンス・プロセス

6.1.1　内部監査部門は，ガバナンス・プロセスの有効性を評価し，その改善に貢献しなければならない。
(1)　内部監査部門は，以下の視点から，ガバナンス・プロセスの改善に向けた評価をしなければならない。
　①　組織体として対処すべき課題の把握と共有
　②　倫理観と価値観の高揚
　③　アカウンタビリティの確立
　④　リスクとコントロールに関する情報の，組織体内の適切な部署に対する有効な伝達
　⑤　最高経営者，取締役会，監査役（会）または監査委員会，外部監査人および内部監査人の間における情報の伝達
(2)　内部監査部門は，組織体の倫理プログラムと倫理活動の設計，実施および有効性を評価しなければならない。
(3)　内部監査部門は，組織体のIT（情報技術）ガバナンスが組織体の戦略や目標の達成に貢献しているかを評価しなければならない。
(4)　内部監査部門は，組織体集団全体の健全な発展という観点から，当該組織体の経営者や関係者の理解を求め，十分な調整と意見の交換を行うなどにより相互の信頼関係を築いた上で，関連組織体の内部監査を実施しなければならない。

第2節　リスク・マネジメント

6.2.1　内部監査部門は，組織体のリスク・マネジメントの妥当性および有効性を評価し，その改善に貢献しなければならない。
(1)　内部監査部門は，以下の視点から，組織体のガバナンス・プロセス，業務の実施および情報システムに関するリスク・エクスポージャーを評価しなければならない。
　①　組織体の全般的または部門目標の達成状況
　②　財務および業務に関する情報の信頼性とインテグリティ
　③　業務の有効性と効率性
　④　資産の保全
　⑤　法令，方針，定められた手続および契約の遵守
(2)　内部監査部門は，組織体のリスクの受容水準に沿った適切な対応が選択されているかを評価しなければならない。
(3)　内部監査部門は，識別されたリスクの情報が適時に組織体の必要と認められる箇所に伝達されているかを評価しなければならない。
(4)　内部監査部門は，組織体が不正リスクをいかに識別し，適切に対応しているかを評価しなければならない。
(5)　内部監査人は，アドバイザリー業務の遂行過程において，業務執行部門の個々の業務における目的と密接に結び付いたリスクに対応するとともに，その他の重要なリスクの存在についても注意を払わなければならない。
(6)　内部監査人は，アドバイザリー業務を通じて得られたリスクに係る知見を，組織体のリスク・マネジメントに対する評価プロセスに組み入れなければならない。
(7)　内部監査部門がリスク・マネジメントの確立や改善について経営管理者を支援する場合には，内部監査部門は，経営

管理者のリスク・マネジメントに係るいかなる責任も負ってはならない。

第3節　コントロール

6.3.1　内部監査人は，経営管理者が業務目標の達成度合いを評価するための基準を設定しているかどうかを確認しなければならない。その上で，内部監査部門は，組織体のコントロール手段の妥当性および有効性の評価と，組織体の各構成員に課せられた責任を遂行するための業務諸活動の合法性と合理性の評価とにより，組織体が効果的なコントロール手段を維持するように貢献しなければならない。

(1) 内部監査部門は，以下の視点から，組織体のガバナンス・プロセス，リスク・マネジメントに対応するように，コントロール手段の妥当性および有効性を評価しなければならない。
① 組織体の全般的または部門目標の達成状況
② 財務および業務に関する情報の信頼性とインテグリティ
③ 業務の有効性と効率性
④ 資産の保全
⑤ 法令，方針，定められた手続および契約の遵守
(2) 内部監査人は，アドバイザリー業務から得られたコントロール手段についての知見を，組織体のコントロールに対する評価プロセスに組み入れなければならない。

第7章　個別の内部監査の計画と実施

第1節　内部監査実施計画

7.1.1　内部監査人は，個別の内部監査について目標，範囲，時期および資源配分を含む実施計画を策定しなければならない。実施計画の策定にあたっては，以下の事項について特に留意しなければならない。
① 内部監査の対象となる活動の目標および当該活動を管理する手段
② 内部監査の対象となる活動，その目標，経営資源および業務に対する重要なリスクならびにそのリスクの潜在的な影響を受容可能な水準に維持するための手段
(3) 適切なフレームワークやモデルに照らした場合の，内部監査の対象となる活動のガバナンス・プロセスの有効性，リスク・マネジメントおよびコントロールの妥当性ならびに有効性
(4) 内部監査の対象となる活動のガバナンス・プロセス，リスク・マネジメントおよびコントロールについての大幅な改善の余地

7.1.2　内部監査人は，策定した実施計画について内部監査部門長の承認を得なければならず，その修正についてもすみやかに承認を得なければならない。

7.1.3　内部監査人は，内部監査業務の遂行過程で必要な情報を入手，分析，評価し，これを記録するための監査調書を作成し，内部監査部門長の承認を得なければならない。

7.1.4　内部監査人は，組織体外部の業務委託先等に対する内部監査実施計画を策定する場合には，内部監査の目標，範囲，関係者の責任およびその他の要望事項について，内部監査結果の配付制限や内部監査の記録に対するアクセス制限を含めて，書面で同意を得なければならない。

7.1.5　内部監査人は，アドバイザリー業務の計画を策定する場合には，目標，範囲，関係者の責任およびその他依頼部門からの要望事項について，書面で同意を得なければならない。

第2節　内部監査の実施

7.2.1 内部監査人は，十分かつ適切な監査証拠に基づく結論を形成しなければならない。

(1) 情報の入手

内部監査人は，内部監査の目標を達成するために質的かつ量的に十分であり，信頼性，関連性および有用性を備えた情報を入手しなければならない。

(2) 監査証拠資料の評価および結論の形成

内部監査人は，入手した情報を適切に分析，評価した上で監査資料にすると判断し，これに基づいて結論を得なければならない。

(3) 監査調書の作成および保存

内部監査人は，結論および当該結論に至る過程を監査調書に記録しなければならない。内部監査部門長は，監査調書を適切に保存し，内部監査に関する記録へのアクセスを管理しなければならない。

(4) 内部監査の監督

内部監査部門長は，内部監査の品質を確保した上で，内部監査の目標を達成するように内部監査業務を適切に監督しなければならない。

第8章　内部監査の報告とフォローアップ

第1節　内部監査結果の報告

8.1.1 内部監査部門長は，内部監査の結果を，最高経営者，取締役会，監査役（会）または監査委員会，および指摘事項等に関し適切な措置を講じ得るその他の者に報告しなければならない。

8.1.2 内部監査の結果には，十分かつ適切な監査証拠に基づいた内部監査人の意見を含めなければならない。

8.1.3 内部監査人は，意見の表明にあたって，最高経営者，取締役会およびその他の利害関係者のニーズを考慮しなければならない。

8.1.4 報告は，正確，客観的，明瞭，簡潔，建設的，完全かつ適時のものでなければならない。

8.1.5 報告は，原則として文書によらなければならない。ただし，緊急性および重要性の高い場合には，口頭による報告を優先することができる。

第2節　内部監査報告書

8.2.1 内部監査部門長は，最終報告として，内部監査報告書を作成しなければならない。

8.2.2 内部監査人は，実効性の高い内部監査報告書の作成と，迅速な是正措置の実現を促し，内部監査の実施効果と信頼性をより一層高めるため，内部監査報告書の作成に先立って，対象部門や関連部門への結果の説明，問題点の相互確認を行うなど，意思の疎通を十分に図らなければならない。

8.2.3 内部監査人は，内部監査報告書に内部監査の目標と範囲，内部監査人の意見，勧告および是正措置の計画を含めなければならない。

8.2.4 内部監査部門長は，必要に応じて，内部監査報告書に総合意見を記載しなければならない。

8.2.5 内部監査部門長は，内部監査報告書に重大な誤謬または脱漏があった場合には，訂正した情報を，当該内部監査報告書を配付したすべての関係者に伝達しなければならない。

8.2.6 内部監査部門長は，本基準から逸脱したことが特定の内部監査の結果に影響を与える場合には，内部監査報告書において，以下の事項を記載しなければならない。

① 逸脱した基準およびその内容

② 逸脱理由
③ 基準から逸脱したことによるアシュアランス業務またはアドバイザリー業務の結果への影響

第3節 内部監査結果の組織体外部への開示

8.3.1 内部監査部門長は，組織体外部に内部監査結果を開示する場合には，法令または規則に定めのある場合を除き，事前に以下の事項を実施しなければならない。
① 結果の開示によって生じる可能性のある，組織体に対する潜在的リスクの評価
② 最高経営者を含む適切な関係者との協議
③ 結果の使用および開示先の制約についての検討

第4節 アドバイザリー業務の報告

8.4.1 内部監査部門長は，アドバイザリー業務の遂行過程において，ガバナンス・プロセス，リスク・マネジメントおよびコントロールに関しアシュアランス業務の対象とすべき問題が識別され，かつ，それが組織体にとって重要と判断される場合には，当該事項を最高経営者および取締役会に報告しなければならない。

8.4.2 アドバイザリー業務の進捗状況と結果の報告は，当該業務の内容や対象部門のニーズに応じた適切な形式と内容にしなければならない。

第5節 内部監査のフォローアップ

8.5.1 内部監査部門長は，内部監査の結果に基づく指摘事項および勧告について，対象部門や関連部門がいかなる是正措置を講じたかに関して，その後の状況を継続的にモニタリングするためのフォローアップ・プロセスを構築し，これを維持しなければならない。

8.5.2 内部監査部門長は，是正措置が実現困難な場合には，その原因を確認するとともに，阻害要因の除去等についての具体的な方策を提言するなどフォロー活動を行わなければならない。

8.5.3 内部監査部門長は，組織体にとって受容できないのではないかとされる水準のリスクを経営管理者が受容していると結論付けた場合には，その問題について最高経営者と話し合わなければならない。内部監査部門長は，それでもなおその問題が解決されていないと判断した場合には，当該事項を取締役会および監査役（会）または監査委員会に伝達しなければならない。

第9章 内部監査と法定監査との関係

9.0.1 わが国の法律に基づく監査制度としては，金融商品取引法による公認会計士または監査法人の監査，会社法等による監査役または監査委員会の監査，会計監査人の監査，民法による監事監査，地方自治法による監査委員および包括外部監査人の監査，会計検査院の検査等々がある。これらの監査は，内部統制の適切な整備・運用を前提としている。内部監査は，法定監査の基礎的前提としてのガバナンス・プロセス，リスク・マネジメントおよびコントロールを独立的に検討および評価することにより，法定監査の実効性を高める一方で，必要に応じて，法定監査の結果を内部監査に活用しなければならない。これによって，内部監査と法定監査は相互補完的な関係を維持することができる。

【執筆者紹介】（五十音順）

池田　　晋（いけだ・すすむ）
　明海大学経済学部教授

五井　　孝（ごい・たかし）
　㈱大和総研　システムコンサルティング第二本部営業管理部主事，
　中央大学大学院理工学研究科客員教授

島﨑　主税（しまざき・ちから）
　公認会計士

島田　裕次（しまだ・ゆうじ）
　東洋大学総合情報学部教授

島戸　俊明（しまと・としあき）
　㈱日本ネットワークサポート取締役常務執行役員

芹沢　　清（せりざわ・きよし）
　㈱共和コーポレーション取締役（常勤監査等委員）

武田　和夫（たけだ・かずお）〔編集代表〕
　共立女子大学ビジネス学部教授

箱田　順哉（はこだ・じゅんや）
　一般社団法人実践コーポレートガバナンス研究会理事，公認会計士

堀江　正之（ほりえ・まさゆき）
　日本大学商学部教授

松井　隆幸（まつい・たかゆき）〔編集代表〕
　元青山学院大学大学院会計プロフェッション研究科教授

南　　尚孝（みなみ・なおたか）
　EMデバイス株式会社取締役CFO

森田　佳宏（もりた・よしひろ）
　駒澤大学経済学部教授

吉武　　一（よしたけ・はじめ）
　太陽誘電株式会社常勤監査役，
　明治大学専門職大学院兼任講師

※所属・肩書等は2023年11月1日現在

【編者紹介】

一般社団法人日本内部監査協会

　内部監査および関連する諸分野についての理論および実務の研究並びに内部監査の品質および内部監査人の専門的能力の向上等を推進するとともに，内部監査に関する知識を広く一般に普及することにより，わが国の産業および経済の健全な発展に資することを目的に活動。また，国際的な内部監査の専門団体である内部監査人協会（The Institute of Internal Auditors, Inc.: IIA）の日本代表機関として，世界的な交流活動を行うとともに，内部監査人の国際資格である"公認内部監査人（Certified Internal Auditor: CIA）"の認定試験を実施している。

　昭和32（1957）年創立。企業や団体など加盟数は2017年3月31日現在7,292。

〒104-0031　東京都中央区京橋3-3-11　VORT京橋
TEL（03）6214-2231／FAX（03）6214-2234
http://www.iiajapan.com/

2018年3月30日　初版発行
2024年4月25日　初版9刷発行　　　　　　　略称：内部監査QA

バリューアップ内部監査 Q&A

　編　者　Ⓒ一般社団法人日本内部監査協会

　発行者　　中　島　豊　彦

　発行所　**同 文 舘 出 版 株 式 会 社**
　　　　　東京都千代田区神田神保町 1-41　〒101-0051
　　　　　営業（03）3294-1801　　編集（03）3294-1803
　　　　　振替 00100-8-42935　https://www.dobunkan.co.jp

Printed in Japan 2018　　　　　DTP：マーリンクレイン
　　　　　　　　　　　　　　　印刷・製本：萩原印刷

ISBN978-4-495-20631-4

[JCOPY]〈出版者著作権管理機構 委託出版物〉
本書の無断複製は著作権法上での例外を除き禁じられています。複製される場合は，そのつど事前に，出版者著作権管理機構（電話 03-5244-5088，FAX 03-5244-5089, e-mail: info@jcopy.or.jp）の許諾を得てください。

本書と ともに

現代の実践的内部監査
（七訂版）

（一社）日本内部監査協会編

A5判・426頁
税込 3,960円（本体 3,600円）

IT監査とIT統制
（改訂版）
―基礎からネットワーク・
クラウド・ビッグデータまで―

（一社）日本内部監査協会編

A5判・340頁
税込 3,190円（本体 2,900円）

COSOの翻訳書

COSO全社的リスクマネジメント
―戦略およびパフォーマンスとの統合―

（一社）日本内部監査協会・八田進二・橋本尚・堀江正之・神林比洋雄監訳
A5判・324頁　税込6,380円（本体5,800円）

簡易版COSO内部統制ガイダンス

（社）日本内部監査協会　監訳
八田進二

A5判・304頁
税込3,850円（本体3,500円）